1 Ernährung bei Leber - Qi-Stagnation

Diese Empfehlungen bitte immer mit dem TCM-Ernährungsberater/in, oder TCM-Arzt/in absprechen! Die Rezepte und Zutatenlisten unterstützen die Therapien nach der Traditionellen Chinesischen Medizin.

Die Kalorienangaben frischer Zutaten (Obst und Gemüse) schwanken je nach Qualität und Erntezeit. Die Inhalte wurden von einer Diätologin und einer Ernährungsberaterin für die Traditionelle Chinesische Medizin (TCM) geprüft.

Autor & Design:
©2016 Josef Miligui
www.ebns.at

Quelle:
Die Listen werden aus der TCME-Datenbank für die Ernährungsberatung generiert. Die Datenbank wird von Ernährungsberater, Therapeuten, Ärzte und Gastronomiebetrieben für die Beratung der Patienten/Klienten und Gästen verwendet.

Literaturliste:
Wir haben die Unterlagen als Wissensbasis genutzt und an unsere Erfahrungen angepasst und ergänzt.
http://ebns.at/index.php/de/datenbank/literaturliste

Herstellung und Verlag:
BoD – Books on Demand, Norderstedt
ISBN: 9783741281549

TCM - Ernährung bei- Leber - Qi-Stagnation
(Buch: 223)

2 Definition der möglichen Symptome

Befragen
Abdomen (Bauch)
  Völlegefühl, Blähungen, Verdauungsstörungen
Allgemein
  Kloßgefühl in der Kehle
Brustraum
  Brustpsannen
Epigastrium (Oberbauch)
  Engegefühl, Spannung, Neigung zu Blähungen
Körper
  Schmerzhaftes Spannungsgfühl unter Rippen, Kloßgefühl in Kehle, Bauch und Darmkollern
  Menstruationsbeschwerden
Psyche
  Depressionen, Frust
Stuhl
  Lose Stühle, Wechsel von Durchfall und Verstopfung
Verdauung
  Übelkeit, saures Aufstoßen, Schluckauf

Betrachten
Allgemein
  Seufzen

Pulsdiagnostik
Puls
  Saitenförmig, dünn, schnell

Zungendiagnostik
Zunge
  Oft normal, Zungenränder aufgerollt, seitliche Längsfurchen, wie wenn mit Fäden durchzogen

---

1 Ernährung bei Leber - Qi-Stagnation 1
2 Definition der möglichen Symptome 2
3 Therapiestrategie 4
4 Vermeiden 4
5 Speiseplan 5

- 5.1 Frühstück 5
- 5.2 Jause 5
- 5.3 Mittag 5
- 5.4 Nachmittag 6
- 5.5 Abend 6
- 5.6 Jederzeit 7
- 6 Rezepte 7
  - 6.1 Acht Schätze Reis 7
  - 6.2 Adzukibohnen-Reis-Suppe 8
  - 6.3 Apfelmus mit Rosinen 9
  - 6.4 Bitzschnelle Zucchinisuppe 9
  - 6.5 Brennnessel mit Mangold Suppe 10
  - 6.6 Brokkolicrèmesuppe 10
  - 6.7 Champignonreis 11
  - 6.8 Dicke Erbsensuppe für den Winter 11
  - 6.9 Gemüse-Miso-Suppe mit Tofu 12
  - 6.10 Gemüsereis 12
  - 6.11 Geröstete Hirse mit Stangensellerie 13
  - 6.12 Geröstete Nüsse 14
  - 6.13 Gerstenbrei mit Beeren 14
  - 6.14 Gerstenschrotsuppe 15
  - 6.15 Grapefruitsaft 15
  - 6.16 Grundrezept für eine Entenbrühe 16
  - 6.17 Grundrezept für eine Hühnerbrühe wärmend 16
  - 6.18 Grundrezept für eine Reissuppe (Congee) 17
  - 6.19 Karotten- Reisschleimsuppe 17
  - 6.20 Klare Brühe aus Gänseklein 18
  - 6.21 Kühlendes Reisgericht mit Grapefruit 18
  - 6.22 Kürbisschnitzel mit Gewürzreis 19
  - 6.23 Kürbissuppe 20
  - 6.24 Linsen-Reis-Eintopf 20
  - 6.25 Reis mit gedämpftem Gemüse 21
  - 6.26 Reis mit Pastinake 22
  - 6.27 Reisbrei mit Hiobsträne (Samen) Yi Yi Ren 22
  - 6.28 Reisbrei mit Orangenschale 22
  - 6.29 Reis-Congee mit Karotten und Fenchel 23
  - 6.30 Reisnudelsuppe mit Shiitakepilzen 24
  - 6.31 Reissuppe mit Algen 24
  - 6.32 Rinderkraftbrühe 25
  - 6.33 Selleriesaft 26
  - 6.34 Tee Koriandertee 26
  - 6.35 Tee Stangensellerietee 26
  - 6.36 Trauben-Kompott 27

6.37 Tsampa mit Marmelade oder Obstkompott 27
6.38 Überbackenes Chicoréegemüse 28
6.39 Zuckererbsensuppe mit Garnelen 28
7 Wirkung der Lebensmittel 29
7.1 Zutaten verwenden: empfehlenswert 29
7.2 Zutaten verwenden: ja 42
7.3 Zutaten verwenden: wenig 44
7.4 Kontraindikativ wirkende Lebensmittel nicht verwenden 47
8 Therapeutische Kräuter und deren Wirkungen 48
9 Kräuter aus den Rezepten und deren Wirkungen 48
   9.1 Brennnessel 48
   9.2 Dill 48
   9.3 Frauenmantel 48
   9.4 Koriander 48
   9.5 Kresse 49
   9.6 Lauchzwiebel Schnittlauch 49
   9.7 Liebstöckel 49
   9.8 Lilienzwiebel 49
   9.9 Majoran 49
   9.10 Makannasternsamen 49
   9.11 Melisse 49
   9.12 Petersilie 49
   9.13 Rosmarin 50
   9.14 Salbei 50
   9.15 Yamswurzel, Yamswurzelknolle 50
   9.16 Zitronenmelisse (frisch) 50
10 Grundlagen der Ernährung 51
   10.1 Ernährung 51
   10.2 Rezepte 53
      10.2.1 Rezepte nach Folge der Elemente kochen 54
   10.3 Lebensmittel 54
   10.4 Kräuter 56
11 Weitere Ernährungsvorschläge 57
12 EBNS - Software für die Ernährungsberatung 60

3 Therapiestrategie

Mit Essen allein schwer zu lösen, LeQI verteilen, bewegen. - heiß - NEIN, kalt - NEIN, sauer - WENIG, alles andere JA, vor allem BITTER

4 Vermeiden

Zu viel, zu fett, spät abends, rotes Fleisch, scharf-heiße Gewürze, zu viel Knoblauch u Zwiebel, Alkohol, Fertiggerichte, denaturierte Nahrung, emotionaler Druck, Stress, Perfektionismus, Bewegungsmangel, körperliche Steifheit

5 Speiseplan

Kalorien

5.1 Frühstück

Adzukibohnen-Reis-Suppe	199
Apfelmus mit Rosinen	73
Champignonreis	410
Dicke Erbsensuppe für den Winter	123
Gemüse-Miso-Suppe mit Tofu	106
Gemüsereis	303
Geröstete Hirse mit Stangensellerie	400
Geröstete Nüsse	973
Gerstenbrei mit Beeren	140
Gerstenschrotsuppe	265
Kühlendes Reisgericht mit Grapefruit	234
Reis mit Pastinake	206
Reisbrei mit Hiobsträne (Samen) Yi Yi Ren	211
Reisbrei mit Orangenschale	119
Reis-Congee mit Karotten und Fenchel	131
Reisnudelsuppe mit Shiitakepilzen	65
Reissuppe mit Algen	130
Rinderkraftbrühe	124
Selleriesaft	33
Tsampa mit Marmelade oder Obstkompott	280
Überbackenes Chicoréegemüse	230

5.2 Jause

Adzukibohnen-Reis-Suppe	199
Apfelmus mit Rosinen	73
Gerstenbrei mit Beeren	140
Reissuppe mit Algen	130

5.3 Mittag

Acht Schätze Reis	212
Adzukibohnen-Reis-Suppe	199

Apfelmus mit Rosinen ... 73
Bitzschnelle Zucchinisuppe ... 41
Brennnessel mit Mangold Suppe ... 52
Brokkolicrèmesuppe ... 98
Champignonreis ... 410
Dicke Erbsensuppe für den Winter ... 123
Gemüse-Miso-Suppe mit Tofu ... 106
Gemüsereis ... 303
Geröstete Hirse mit Stangensellerie ... 400
Gerstenschrotsuppe ... 265
Klare Brühe aus Gänseklein ... 334
Kühlendes Reisgericht mit Grapefruit ... 234
Kürbisschnitzel mit Gewürzreis ... 437
Kürbissuppe ... 104
Linsen-Reis-Eintopf ... 232
Reis mit gedämpftem Gemüse ... 92
Reisbrei mit Hiobsträne (Samen) Yi Yi Ren ... 211
Reisbrei mit Orangenschale ... 119
Reis-Congee mit Karotten und Fenchel ... 131
Reisnudelsuppe mit Shiitakepilzen ... 65
Rinderkraftbrühe ... 124
Selleriesaft ... 33
Überbackenes Chicoréegemüse ... 230
Zuckererbsensuppe mit Garnelen ... 215

5.4 Nachmittag

Apfelmus mit Rosinen ... 73
Gerstenbrei mit Beeren ... 140
Trauben-Kompott ... 128

5.5 Abend

Adzukibohnen-Reis-Suppe ... 199
Apfelmus mit Rosinen ... 73
Bitzschnelle Zucchinisuppe ... 41
Brokkolicrèmesuppe ... 98
Dicke Erbsensuppe für den Winter ... 123
Gemüse-Miso-Suppe mit Tofu ... 106
Geröstete Hirse mit Stangensellerie ... 400
Geröstete Nüsse ... 973
Gerstenschrotsuppe ... 265
Klare Brühe aus Gänseklein ... 334
Kühlendes Reisgericht mit Grapefruit ... 234

Kürbisschnitzel mit Gewürzreis 437
Kürbissuppe 104
Linsen-Reis-Eintopf 232
Reis mit gedämpftem Gemüse 92
Reis mit Pastinake 206
Reisbrei mit Orangenschale 119
Reisnudelsuppe mit Shiitakepilzen 65
Reissuppe mit Algen 130
Rinderkraftbrühe 124
Selleriesaft 33
Zuckererbsensuppe mit Garnelen 215

5.6 Jederzeit

Apfelmus mit Rosinen 73
Geröstete Hirse mit Stangensellerie 400
Geröstete Nüsse 973
Grundrezept für eine Reissuppe (Congee) 140
Reis mit Pastinake 206
Reisbrei mit Hiobsträne (Samen) Yi Yi Ren 211
Reisbrei mit Orangenschale 119
Reis-Congee mit Karotten und Fenchel 131
Selleriesaft 33
Trauben-Kompott 128

6 Rezepte

empfehlenswert = Sie können mehr verwenden, weniger = wenn möglich weniger verwenden.
TL=Teelöffel, EL=Esslöffel, L=Liter, g=Gramm
M=Metall, W=Wasser, H=Holz, F=Feuer, E=Erde.
(Die Kochanleitung nach den Elementen finden Sie im Kapitel „Rezepte" am Ende des Buches.)

6.1 Acht Schätze Reis

Stärkt Niere und Blase, Baut Qi auf, Stärkt die Milz, Vertreibt Feuchtigkeit, reduziert innere Hitze, beugt Krebs vor, baut Herz auf, beruhigt Nerven.
Kalorien p. Portion 212
Kochdauer ca. 1 Stunde
Thermische Wirkung: neutral

Menge	Zutaten		
1 EL	Lilienzwiebel	empfehlenswert	
1 EL	Longane	ja	
1 EL	Weißwurz	empfehlenswert	
1 EL	Yamswurzel, Yamswurzelknolle	empfehlenswert	
1 EL	Hiobsträne (Samen) YiYi Ren	ja	
1 EL	Makannasternsamen	empfehlenswert	
2 Tassen	Reis Wilder (Naturreis)	ja	M
8-10 Tassen	Wasser	ja	E

Kochanleitung:
Je 1 EL: Bai He (Lilienzwiebel), Longan (Longane/Drachenaugenfrucht), Yu Zhu (Wohlriechender Weißwurz-Wurzelstock), Da Zao, Shan Yao (Yamswurzel, Yamswurzelknolle), Lian Mi, Yi Yi Ren (Samen der Hiobsträne), Qian Shi (Makannasternsamen)

Mit heißem Wasser übergießen und ca. 30 Min einweichen. Anschließend: 1 – 2 Tassen Reis (normal) hinzufügen und ½ bis 1 Stunde köcheln, bis der Reis sehr weich ist. Oder: Mit Vollwertreis ca. 3 Stunden lang mit den Kräutern ein Congee kochen. Dann müssen die Kräuter nicht eingeweicht werden.

6.2 Adzukibohnen-Reis-Suppe

Reduziert Feuchtigkeit, leitet nach unten, reduziert Magen-Darm-Hitze, baut Essenz auf, stärkt Muskeln nach Hitze-Erkrankung: baut Körpersäfte auf.
Kalorien p. Portion 199
Kochdauer ca. 2 Sunden
Thermische Wirkung: neutral

Menge	Zutaten		
8 EL	Adzukibohnen	empfehlenswert	W
2 EL	Reis Rundkornreis	empfehlenswert	M
2 Tassen	Wasser	ja	E
1 EL	Honig	weniger als angegeben	E

Kochanleitung:
Eingeweichte Adzukibohnen und Rundkornreis im Verhältnis 4:1 so lange bei kleiner Hitze in Wasser kochen, bis ein dünner Brei entstanden ist. Nach Bedarf süßen; eventuell pürieren.

Wirkung: Dieses Rezept kräftigt Niere, Milz und Magen und ist besonders für Mütter mit zu wenig Milchfluss geeignet

6.3 Apfelmus mit Rosinen

Nährt Säfte, reduziert Magenhitze, stärkt Milz, harmonisiert Magen. Befeuchtet, entspannt, baut Qi auf.
Kalorien p. Portion 73
Kochdauer ca. 25 Min.
Thermische Wirkung: kühl

Menge	Zutaten		
1 Kg	Apfel (süß)	empfehlenswert	E
100 ml.	Wasser	ja	E
50 g.	Rosinen	ja	E

Kochanleitung:
Die Äpfel waschen, schälen, vierteln und dabei das Kerngehäuse entfernen. Die Äpfel mit dem Wasser in einen Topf geben. Die Rosinen mit heißem Wasser waschen und dazugeben. Bei schwacher Hitze etwa 10 Minuten dünsten, dann abkühlen lassen. Für Kinder bis zu 10 Monaten das Mus im Mixer fein pürieren. Für die Größeren mit dem Kartoffelstampfer zerdrücken. In Tiefkühlbeutel oder in leere Joghurtbecher füllen und verschließen. Die Joghurtbecher verschließen. Im Schockgefrierfach einfrieren und bei Bedarf bei Zimmertemperatur etwa 6 Stunden auftauen lassen. (Ca. 4 Monate haltbar).
Das Obstmus ist als Nachtisch oder Zwischenmahlzeit gedacht. Es wirkt verdauungsfördernd. Bei Durchfall lieber Bananenmus geben.

6.4 Bitzschnelle Zucchinisuppe

Reduziert Schleim, bewahrt die Säfte, kühlt Leberhitze, stärkt Magen Qi.
Kalorien p. Portion 41
Kochdauer ca. 10 min
Thermische Wirkung: kühl

Menge	Zutaten		
2-3 Stück	Zucchini	empfehlenswert	E
1 Stück	Zwiebel weiss	wenig	M
2 EL	Maiskeimöl	wenig	E
1 EL	Petersilie	wenig	H
1 TL	Lauchzwiebel Schnittlauch	wenig	M
1/2 Liter	Wasser	ja	E

Kochanleitung:
Gehackte Zwiebel in Öl andünsten. In Scheiben geschnittene Zucchini dazugeben und gut andünsten. Mit Wasser aufgießen. Petersilie und Schnittlauch grob hacken, hinzufügen und alles pürieren.

6.5 Brennnessel mit Mangold Suppe

Leitet Feuchtigkeit nach unten aus, stärkt Blut, kühlt Leberhitze.
Kalorien p. Portion 52
Kochdauer ca. 30 Min.
Thermische Wirkung: kühl

Menge	Zutaten		
1/2 Kg.	Mangold	empfehlenswert	E
1 Prise	Salz	ja	W
1/2 Liter	Wasser	ja	E
1 EL	Olivenöl	empfehlenswert	E
1 Handvoll	Brennnessel	ja	H
1 Prise	Pfeffer (gemahlen)	empfehlenswert	M

Kochanleitung:
In einem Topf das Öl erhitzen, die gewaschenen und fein geschnittenen Mangold dazugeben. Salzen und 10 Min. köcheln lassen. Die gehackten Brennnesseln dazugeben und weitere 10 Min. kochen. Pfeffer dazugeben und pürieren.

6.6 Brokkolicrèmesuppe

Nährt Lungen-Yin, produziert Körpersäfte. Stärkt Milz und Leber.
Befeuchtet, reduziert Kälte-Übel, weicht Knoten auf.
Kalorien p. Portion 98
Kochdauer ca. 30 min. (+Grundrezept)
Thermische Wirkung: kühl

Menge	Zutaten		
2-3 EL	Olivenöl	empfehlenswert	E
500 g.	Brokkoli	empfehlenswert	E
2 Stück	Karotte (Mohrrübe, Möhre)	empfehlenswert	E
2 Stück	Kartoffel	ja	E
1 Stück	Zwiebel weiss	wenig	M
1 Tasse	Wasser	ja	E
1/2 Liter	Grundrezept für eine Gemüsebrühe nahrhaft	ja	
1/8 Liter	Weißwein	wenig	H
1 TL	Salbei	ja	F
1 TL	Rosmarin	wenig	F
1 Prise	Pfeffer (gemahlen)	empfehlenswert	M
1 Prise	Salz	ja	W

Kochanleitung:
Olivenöl in die Pfanne geben, den gewaschenen und in Stücke geschnittenen Brokkoli, gewürfelte Karotten und Kartoffel dazugeben, kurz andünsten, klein geschnittene Zwiebel dazugeben, mit Wasser auffüllen, soviel Wasser, dass das Gemüse mind. 3 Fingerbreit bedeckt ist. Mit Bouillon aufgießen, salzen, ganz wenig Weißwein dazugeben,

geschnittener Salbei und Rosmarin dazugeben.
Aufkochen lassen und dann auf kleinem Feuer ca. 25 Minuten köcheln lassen. Mit Pfeffer würzen, evt. noch mit Meersalz nachwürzen. Die Suppe pürieren.

6.7 Champignonreis

Stärkt Milz, baut Qi auf, leitet Hitze nach unten. Stärkt Magen-Qi. Kühlt Bluthitze.
Kalorien p. Portion 410
Kochdauer ca. 30 Min. (+Grundrezept)
Thermische Wirkung: warm

Menge	Zutaten		
1 Stück	Zwiebel weiss	wenig	M
2 Stück	Lorbeerblatt	ja	M
2 Stück	Nelke	wenig	M
400 g.	Grundrezept für eine Gemüsebrühe	ja	
200 g	Reis Vollkorn	empfehlenswert	M
60 g.	Champignon	empfehlenswert	E
20 g.	Petersilie	wenig	H
1 Prise	Pfeffer (gemahlen)	empfehlenswert	M

Kochanleitung:
Die Nelken in die Zwiebel stecken. Die Gemüsebrühe mit der Zwiebel und den Lorbeerblättern zum Kochen bringen. Den Reis in die kochende Flüssigkeit geben, Temperatur auf die kleinste Stufe zurückschalten und mit geschlossenem Deckel 20-25 Minuten garziehen.

In der Zwischenzeit die Champignons waschen, putzen, in Scheiben schneiden, mit wenig Wasser kurz andünsten oder anbraten. Die Petersilie waschen und fein hacken.

Aus dem fertigen Reis die Zwiebel herausnehmen, die Champignons und die Petersilie hinzugeben, mit Pfeffer abschmecken.

6.8 Dicke Erbsensuppe für den Winter

Nährt Qi, diuretisch, harmonisiert Qi (v.a. im Mittleren und Unteren Erwärmer). Stärkt die Niere und das Abwehr-Qi; erwärmt. Leitet Feuchtigkeit aus.
Kalorien p. Portion 123
Kochdauer ca. 2-3 Stunden
Thermische Wirkung: warm

Menge	Zutaten		
150 g.	Erbse, grün	empfehlenswert	W
600 ml.	Wasser	ja	E
1 EL	Sesamöl	empfehlenswert	E
1/2 Stück	Zwiebel weiss	wenig	M
1/2 TL	Ingwer frisch	wenig	M
1/2 TL	Kümmel	empfehlenswert	E
1 EL	Hafer Schrot	wenig	M
1 Prise	Salz	ja	W
1 Stängel	Petersilie	wenig	H

Kochanleitung:
Erbsen vorher einweichen; in einem heißen Topf Sesamöl, Zwiebel, etwas Haferschrot, Ingwer und Kümmel andünsten; Erbsen zugeben und 2-3 Stunden köcheln; am Schluss Salz zugeben; mit Petersilie garnieren.

6.9 Gemüse-Miso-Suppe mit Tofu

Stärkt Milz und Leber, reguliert Qi-Fluss, befeuchtet, entspannt, baut Qi auf, verteilt. Stärkt Qi, stärkt Leber und Niere, reduziert feuchte Hitze, entgiftet, nährt Säfte, reduziert innere Hitze, trocknet aus, leitet nach unten.
Kalorien p. Portion 106
Kochdauer ca. 15 Min.
Thermische Wirkung: neutral

Menge	Zutaten		
2 EL	Sesamöl	empfehlenswert	E
1 Stück	Zwiebel Schalotte	wenig	M
1 Stück	Karotte (Mohrrübe, Möhre)	empfehlenswert	E
5 cm	Lauch (Porree)	wenig	M
3/4 Liter	Wasser	ja	E
2 EL	Endiviensalat	ja	F
2 EL	Soja Tofu	empfehlenswert	E
1/2 TL	Ingwer frisch	wenig	M
2 EL	Miso	empfehlenswert	W

Kochanleitung:
In Sesamöl erst Zwiebeln, dann Karotten und etwas Lauch dünsten; Wasser aufgießen und mild köcheln; Sojasprossen und Endivienblätter zugeben und ziehen lassen; Tofuwürfel, etwas Ingwer hineingeben; am Schluss in etwas abgekühltem Kochwasser gelöstes Miso einrühren.

6.10 Gemüsereis

Stärkt Milz und Leber, reguliert Qi-Fluss, entspannt, baut Qi auf, verteilt. trocknet aus, leitet nach unten. Stärkt Magen-Qi. Wärmt Magen und

Milz, harmonisiert den Darm, stärkt Qi-Funktion, reduziert Feuchtigkeit.
Kalorien p. Portion 303
Kochdauer ca. 30 Min. (+Grundrezept)
Thermische Wirkung: warm

Menge	Zutaten		
50 g.	Brokkoli	empfehlenswert	E
50 g.	Karotte (Mohrrübe, Möhre)	empfehlenswert	E
50 g.	Kohlrabi	wenig	E
30 g.	Blumenkohl (Karfiol)	empfehlenswert	E
20 g.	Erbsen	ja	W
1 TL	Margarine	ja	E
200 g	Reis Vollkorn	empfehlenswert	M
400 g.	Grundrezept für eine Gemüsebrühe	ja	
20 g.	Petersilie	wenig	H
1 Prise	Pfeffer (gemahlen)	empfehlenswert	M

Kochanleitung:
Die Brokkoli, Karotten und Kohlrabi in kleine Würfel schneiden, den Blumenkohl in kleine Röschen zerteilen. Die Margarine in einer Pfanne oder Topf erhitzen, das Gemüse andünsten. Anschließend den Reis dazugeben, mit der Gemüsebrühe auffüllen und 15-20 Minuten ausquellen lassen.

In der Zwischenzeit die Petersilie fein hacken. Nach Garzeitende den Reis mit frisch gemahlenem Pfeffer und Petersilie abschmecken.

6.11 Geröstete Hirse mit Stangensellerie

Stärkt Milz und Niere, diuretisch. Bewegt Leber-Qi, kühlt Hitze, befeuchtet, entspannt, baut Qi auf, verteilt.
Kalorien p. Portion 400
Kochdauer ca. 30
Thermische Wirkung: kühl

Menge	Zutaten		
1 Tasse	Hirse	empfehlenswert	E
2 Tassen	Wasser	ja	E
2 Stangen	Sellerie Stangensellerie	empfehlenswert	E
2 EL	Wasser	ja	E
1 EL	Kräuter verschiedene	empfehlenswert	
1 Prise	Salz	ja	W
3-4 Blätter	Salbei	ja	F
1 TL	Kresse	empfehlenswert	M

Kochanleitung:
Hirse kurz anrösten, mit Wasser übergießen kurz aufkochen und 20 min. quellen lassen.
Stangensellerie klein schneiden und mit Wasser, Salz und frische Kräuter 10 min. kochen und zu der Hirse geben. Frischen Salbei oder Kresse kleingehackt drüberstreuen.

6.12 Geröstete Nüsse

Stärken Nieren-Qi, -Essenz und Gehirn, stärkt Niere, baut Essenz auf, wärmt Lunge, befeuchtet den Darm, befeuchtet, entspannt, baut Qi auf, verteilt.
Kalorien p. Portion 973
Kochdauer ca. 5 Min.
Thermische Wirkung: neutral

Menge	Zutaten		
100 g.	Haselnüsse	empfehlenswert	E
100 g.	Cashewnüsse	empfehlenswert	E
100 g.	Walnüsse	ja	E

Kochanleitung:
Nüsse in einer Pfanne ca. 5 Minuten rösten.

6.13 Gerstenbrei mit Beeren

Stärkt Essenz. Stärkt Milz, kühlt Blase, diuretisch, entspannt, baut Qi auf, verteilt. Stärkt Mitte, befeuchtet Trockenheit.
Kalorien p. Portion 140
Kochdauer ca. 2 Stunden
Thermische Wirkung: kühl

Menge	Zutaten		
10 Tassen	Wasser	ja	E
1 Tasse	Gerste	empfehlenswert	E
2 Scheiben	Ingwer frisch	wenig	M
3 Kapseln	Kardamom	empfehlenswert	M
1 Prise	Salz	ja	W
250 g.	Himbeere	wenig	H
1 Prise	Kakao	wenig	F
1 EL	Gerstenmalz	empfehlenswert	E
2-4 Blätter	Zitronenmelisse (frisch)	empfehlenswert	M

Kochanleitung:
Gerste mit Wasser, Ingwer und Kardamomkapseln in einem großen Topf aufkochen. Topf mit einem Deckel fest verschließen und auf kleiner Flamme etwa 2 Stunden lang kochen.
Für 2 Portionen vom gekochten Gerstenbrei etwa 2 Schöpflöffel in eine Schüssel geben. Mit Sonnenblumenkernen, Malz, Kakaopulver und

einer Prise Salz verrühren. Frische Beeren in den Brei rühren und mit frischer Minze oder Melisse bestreut servieren.

Tipp: Der vorgekochte Gerstenbrei (ohne Früchte) kann gut im Kühlschrank aufbewahrt werden und sowohl für süße oder pikante Gerichte verwendet werden, z.B. mit gedünstetem Gemüse oder mit Kompott aus Früchten der Saison.

6.14 Gerstenschrotsuppe

Wirkt neutral bis leicht erwärmend und entspannt den Qi-Fluss. Hilft bei Appetitlosigkeit und Durchfall durch Milz-Schwäche. Bei schwachem Milz-Qi sollte man häufig salzige Suppen zum Frühstück essen.
Kalorien p. Portion 265
Kochdauer ca. 30 Min.
Thermische Wirkung: kühl

Menge	Zutaten		
1 Tasse	Gerste	empfehlenswert	E
1 Prise	Salz	ja	W
1/2 TL	Ingwer frisch	wenig	M
1 EL	Olivenöl	empfehlenswert	E
3 EL	Petersilie	wenig	H
2 Tassen	Wasser	ja	E

Kochanleitung:
Gerste in der Pfanne trocken rösten, anschließend zu Schrot mahlen und mit Wasser, etwas Salz und Ingwer zu einem Brei kochen. Vor dem Servieren Öl und Petersilie unterheben.

Variante: Man kann dem Gericht noch einen besseren Geschmack verleihen, wenn man es mit vorbereiteter Gemüse- oder Fleischbrühe kocht.

6.15 Grapefruitsaft

Nährt Säfte, leitet nach unten, bildet Körperflüssigkeit.
Kalorien p. Portion 107
Kochdauer ca. 5 Min.
Thermische Wirkung: kühl
Therapeutisches Rezept

Menge	Zutaten		
1 Glas	Grapefruit/Pampelmuse/Pomelo	empfehlenswert	F

Kochanleitung:
Frische Grapefruit entsaften oder BIO-Fertigsaft verwenden.

6.16 Grundrezept für eine Entenbrühe

Stärkt Qi, Blut und Säfte, nährt Yin, stärkt Magen, kühlt Hitze. Stärkt Milz und Leber, bei Kindern: fördert Wachstum (v.a. des Gehirns).
Kalorien p. Portion 61
Kochdauer ca. 2-3 Stunden
Thermische Wirkung: kühl

Menge	Zutaten		
1/2 Liter	Wasser	ja	E
200 g.	Ente (Herz)	wenig	H
100 g.	Ente (Frühmastente, schlachtfrisch)	wenig	H
2 Stück	Karotte (Mohrrübe, Möhre)	empfehlenswert	E
1/2 Stück	Sellerie Knolle	empfehlenswert	E

Kochanleitung:
Entenklein mit Gemüse 2-3 Stunden köcheln. Brühe durch ein feines Tuch sieben und im Kühlschrank aufbewahren.

Variante: Die Innereien können weiterverwendet werden: Man schneidet sie fein und lässt sie einige Minuten mit frischem Gemüse in der Brühe ziehen. Vor dem Servieren mit Petersilie bestreuen.

6.17 Grundrezept für eine Hühnerbrühe wärmend

Stärkt Qi und Blut; ist sehr wärmend.
Kalorien p. Portion 89
Kochdauer ca. 2-3 Stunden
Thermische Wirkung: warm

Menge	Zutaten		
1/2 Stück	Huhn Fleisch	empfehlenswert	H
2 Stück	Karotte (Mohrrübe, Möhre)	empfehlenswert	E
1 Stange	Lauch (Porree)	wenig	M
1 Stück	Sellerie Knolle	empfehlenswert	E
2 Scheiben	Ingwer frisch	wenig	M
1 TL	Bockshornklee	empfehlenswert	F
1 TL	Wacholderbeere	wenig	F
3 Stück	Lorbeerblatt	ja	M
1 Liter	Wasser	ja	E

Kochanleitung:
Hühnerteile vom Fett befreien, in einem Topf mit heißem Wasser geben und kurz aufkochen lassen, entstehenden Schaum abschöpfen.
Grob geschnittenes Gemüse und alle Gewürze zugeben und 2 – 3 Stunden bei mittlerer Hitze kochen. Fertige Suppe abseihen. Gemüse und Knochen wegwerfen.
Tipp: Wenn Sie das Fleisch als Suppeneinlage weiter verwenden möchten, nach 45 Minuten rausnehmen und nur die Knochen in die Suppe zurückgeben.

6.18 Grundrezept für eine Reissuppe (Congee)

Wärmt Magen und Milz, harmonisiert den Darm, stärkt Qi-Funktion, reduziert Feuchtigkeit.
Kalorien p. Portion 140
Kochdauer ca. 2-4 Stunden
Thermische Wirkung: warm

Menge	Zutaten		
1 Tasse	Reis Sorte beliebig	empfehlenswert	M
6 Tassen	Wasser	ja	E

Kochanleitung:
Man kocht Reis und Wasser in einem Verhältnis von etwa 1:6. Die Menge des Wassers bestimmt die Dicke des Breis (reine Geschmacksache). Der Reis quillt unwahrscheinlich auf, nehmen Sie also nicht viel. Geben Sie den Reis in einen Topf mit einem schweren Deckel. Wichtig ist, den Reis nach kurzem Aufkochen nur auf kleinster Flamme köcheln zu lassen, da er sonst anbrennt.
Kochen Sie den Reis 2-4 Stunden. Je länger er kocht, umso mehr stärkt er. Wenn Sie das Gericht zum Frühstück essen möchten, können Sie den Reis auch kurz vor dem Zubettgehen aufsetzen. Sicherheitshalber sollten Sie vorher einmal unter Beobachtung für eine ähnlich lange Zeit das Verhalten Ihres Topfes und Herdes prüfen, damit nichts anbrennt.

6.19 Karotten- Reisschleimsuppe

Wärmt Magen und Milz, harmonisiert den Darm, stärkt Qi-Funktion, reduziert Feuchtigkeit. Stärkt Milz und Leber, reguliert Qi-Fluss, befeuchtet, entspannt, baut Qi auf, verteilt.
Kalorien p. Portion 101
Kochdauer ca. 10 Min. (+Grundrezept)
Thermische Wirkung: warm
Therapeutisches Rezept

Menge	Zutaten		
1 Tasse	Grundrezept für eine Reissuppe	ja	
2 Stück	Karotte (Mohrrübe, Möhre)	empfehlenswert	E
1 TL	Salz	ja	W

Kochanleitung:
Karotten schälen und reiben. Die Reissuppe aufkochen und die geriebenen Karotten und Salz dazugeben. 10 Minuten kochen.

6.20 Klare Brühe aus Gänseklein

Stärkt Milz, Magen und Lunge, lindert Schwächezustände, stärkt Qi, beruhigt Magen. Bewegt Qi, leitet nach oben. Stärkt Milz und Leber, reguliert Qi-Fluss, befeuchtet, entspannt, baut Qi auf, verteilt.
Kalorien p. Portion 334
Kochdauer ca. 2-3 Stunden
Thermische Wirkung: warm

Menge	Zutaten		
500 g.	Gans (Gänseklein)	ja	M
1 Stück	Karotte (Mohrrübe, Möhre)	empfehlenswert	E
1 Stück	Zwiebel Schalotte	wenig	M
1 Stück	Lauch (Porree)	wenig	M
1 Zweig	Petersilie	wenig	H
1 Zweig	Liebstöckel	empfehlenswert	M
1 Prise	Kerbel	empfehlenswert	F
1 Liter	Wasser	ja	E
1 Prise	Salz	ja	W

Kochanleitung:
Gänseklein mit Gemüse und Kräutern 2-3 Stunden köcheln. Durch ein feines Tuch sieben und abkühlen. Entfetten und im Kühlschrank aufbewahren.

6.21 Kühlendes Reisgericht mit Grapefruit

Senkt das Lungen-Qi ab, nährt Säfte, löst Schleim, trocknet aus, leitet nach unten. Wärmt Magen und Milz, harmonisiert den Darm, stärkt Qi-Funktion, reduziert Feuchtigkeit. Stärkt Qi und Nieren-Jing, befeuchtet, entspannt, baut Qi auf, verteilt.
Kalorien p. Portion 234
Kochdauer ca. 20 Min.
Thermische Wirkung: neutral

Menge	Zutaten		
1 Tasse	Reis Rundkornreis	empfehlenswert	M
5 Tassen	Wasser	ja	E
2 EL	Haselnüsse	empfehlenswert	E
2 EL	Rosinen	ja	E
1 EL	Agavendicksaft	empfehlenswert	
1 Prise	Salz	ja	W
1 EL	Mandelmus	ja	E
1 Stück	Grapefruit/Pampelmuse/Pomelo	empfehlenswert	F
2 TL	Butter Bio	empfehlenswert	E

Kochanleitung:
Vorbereitung am Vorabend: Rundkornreis in kaltes Wasser geben und kochen. In etwas heißem Wasser gehackte Haselnüsse, Rosinen über

Nacht einweichen.

Am Morgen: In wenig heißes Wasser etwas Agavendicksaft einrühren; den Reis dazugeben und erhitzen; eine kleine Prise Salz, Mandelmus, kleingeschnittene Grapefruit, die eingeweichten gehackten Haselnüsse und Rosinen dazugeben und vermischen; mit einem kleinen Stück Butter darauf servieren.

6.22 Kürbisschnitzel mit Gewürzreis

Stärkt Lunge und Milz, diuretisch, stärkt Qi, schützt Leber. Wärmt Magen und Milz, harmonisiert den Darm, stärkt Qi-Funktion, reduziert Feuchtigkeit. Leitet nach oben.
Kalorien p. Portion 437
Kochdauer ca. 45 Min.
Thermische Wirkung: warm

Menge	**Zutaten**		
1/2 EL	Butterschmalz	wenig	E
1 Briefchen	Safran	empfehlenswert	E
1 TL	Kurkuma (Gelbwurz)	empfehlenswert	F
1 Tasse	Reis Basmatireis	ja	M
1 Tasse	Wasser	ja	E
1/2 TL	Salz	ja	W
6-8 Scheiben	Kürbis	ja	E
1 Tasse	Gerstenmehl	ja	E
1 Tasse	Brösel (Weizenbrot, Semmel)	ja	H
1/2 TL	Salz	ja	W
1 Prise	Pfeffer (gemahlen)	empfehlenswert	M
1 EL	Butter Bio	empfehlenswert	E
1 1/2 Becher	Sahne, süß 30%	wenig	H
2 EL	Gerstenmehl	ja	E
3 EL	Lauchzwiebel Schnittlauch	wenig	M
3 EL	Dill	empfehlenswert	M

Kochanleitung:
Das Fett in einem kleinen Topf schmelzen, Safran und Kurkuma hinzufügen, etwa 1-2 Minuten bei mittlerer Hitze leicht rösten, damit sich die Aromen entfalten, (Achtung! Die Gewürze dürfen auf keinen Fall verbrennen) Den Reis hinzufügen, etwa 2 Minuten unter ständigem rühren braten, das Salz hinzugeben, kurz umrühren und das Wasser dazugießen, umrühren und den Topf mit einem Deckel verschließen. Bei schwacher bis mittlerer Hitze kochen lassen, bis das Wasser fast vollständig aufgesogen ist, dann vom Feuer nehmen und mit immer noch geschlossenem Deckel beiseite stellen und quellen lassen. Nicht umrühren! Wenn das Wasser vollständig aufgesogen ist, ist der Reis fertig!

Mehl, Semmelbrösel, Salz und Pfeffer verrühren. Die Kürbisscheiben mit Wasser oder verrührtem Ei anfeuchten, die Scheiben in der Mehlmischung wenden und vorsichtig in Butter braten bis sie goldbraun sind und der Kürbis weich ist. In einem kleinen Topf die Butter schmelzen, Gerstenmehl darin bräunen und vom Herd nehmen, die saure Sahne dazu rühren, salzen, pfeffern, die gehackten Kräuter unterziehen und die Soße über die gebratenen Kürbisscheiben geben Dazu den Reis servieren.

6.23 Kürbissuppe

Stärkt Lunge und Milz, diuretisch, stärkt Qi, schützt Leber. Stärkt Qi, stärkt Milz, lindert Entzündungen, befeuchtet, entspannt, baut Qi auf, verteilt. Stärkt Milz und Leber, reguliert Qi-Fluss, befeuchtet, entspannt, baut Qi auf, verteilt.
Kalorien p. Portion 104
Kochdauer ca. 1 Stunde
Thermische Wirkung: warm

Menge	Zutaten		
300 g.	Kürbis	ja	E
2 Stück	Karotte (Mohrrübe, Möhre)	empfehlenswert	E
2 Stück	Kartoffel	ja	E
1 EL	Olivenöl	empfehlenswert	E
1 Stück	Zwiebel weiss	wenig	M
1 Tasse	Wasser	ja	E
1 EL	Petersilie	wenig	H
1 Prise	Anis (gemeiner Fenchel)	wenig	E
1 Prise	Salz	ja	W

Kochanleitung:
Olivenöl in Pfanne geben, in Würfel geschnittener Kürbis, gewürfelte Karotten und Kartoffel dazugeben, kurz andünsten, klein geschnittene Zwiebel dazugeben, mit Wasser auffüllen, soviel Wasser, dass das Gemüse mind. 3 Fingerbreiten bedeckt ist, Aufkochen lassen und dann auf kleines Feuer stellen.
Mit Meersalz salzen, klein geschnittene Petersilie dazugeben, eine Prise Anis (wenig), evt. noch nachwürzen. Alles zusammen ca. 35 Minuten köcheln lassen. Anschließend die Suppe pürieren und evt. nochmals Wasser dazugeben, je nach Konsistenz der Suppe.

6.24 Linsen-Reis-Eintopf

Stärkt Milz und Leber, reguliert Qi-Fluss, befeuchtet, entspannt, baut Qi auf, verteilt. Wärmt Magen und Milz, harmonisiert den Darm, stärkt Qi-Funktion, reduziert Feuchtigkeit. Bewegt Leber-Qi, kühlt Hitze.

Kalorien p. Portion 232
Kochdauer ca. 25 Min.
Thermische Wirkung: warm

Menge	Zutaten		
100 g.	Linsen (Helmbohnen)	wenig	W
5 Tassen	Wasser	ja	E
1 Tasse	Reis Sorte beliebig	empfehlenswert	M
1 EL	Sesamöl	empfehlenswert	E
2 Stück	Karotte (Mohrrübe, Möhre)	empfehlenswert	E
2 Stangen	Sellerie Stangensellerie	empfehlenswert	E
1 Prise	Cumin (Kreuzkümmel)	empfehlenswert	M
1 Prise	Salz	ja	W
1 Schuß	Essig (Apfelessig)	wenig	H
2 EL	Petersilie	wenig	H

Kochanleitung:
Linsen einweichen; in einem heißen Topf Sesamöl erhitzen; Karotte und Stangensellerie klein schneiden und andünsten; Reis, eine Prise Cumin und Linsen dazugeben und aufkochen; wenn die Linsen weich sind, Salz zugeben; mit etwas Essig abschmecken und mit Petersilie garnieren.
Variante: Im Sommer kann man das Cumin weglassen und frische grüne Erbsen, Chinakohl oder Stangensellerie dazunehmen.

6.25 Reis mit gedämpftem Gemüse

Leitet Hitze und Feuchtigkeit aus
Kalorien p. Portion 92
Kochdauer ca. 20 min (+Grundrezept)
Thermische Wirkung: neutral

Menge	Zutaten		
1 Tasse	Grundrezept für eine Reissuppe (Congee)	ja	
3 Tassen	Wasser	ja	E
1 Stück	Zitrone Schale	ja	F
1/8 Liter	Wasser	ja	E
2 Stück	Karotte (Mohrrübe, Möhre)	empfehlenswert	E
1/2 Stück	Sellerie Stangensellerie	empfehlenswert	E
1/2 Tasse	Champignon	empfehlenswert	E
2 EL	Kresse	empfehlenswert	M
1 Schuß	Leinöl	empfehlenswert	E

Kochanleitung:
Reis nach Grundrezept kochen. Zitronenschale mitkochen.
Wasser aufstellen und kleingeschnittene Karotten, Stangensellerie und Champignons in Gemüseeinsatz dämpfen bis sie weich sind.
Anschließend mit Kresse bestreuen. Dann ein Schuß hochwertiges kaltes Öl zugeben

6.26 Reis mit Pastinake

Reguliert Qi, trocknet aus, leitet nach unten. Wärmt Magen und Milz, harmonisiert den Darm. Befeuchtet, entspannt, baut Qi auf, verteilt. Vertreibt Schleim, leitet nach unten, Aktiviert Wei Qi, stärkt Qi.
Kalorien p. Portion 206
Kochdauer ca. 45 Min.
Thermische Wirkung: kühl

Menge	Zutaten		
1 Tasse	Reis Sorte beliebig	empfehlenswert	M
2 Tassen	Wasser	ja	E
1 Prise Salz	ja		W
3-4 Stück	Pastinake	ja	F
1 EL	Olivenöl	empfehlenswert	E
1 TL	Salbei	ja	F

Kochanleitung:
Pastinake schälen und in Scheiben schneiden. Kurz in Öl anbraten. Reis hinzugeben und kurz anbraten. Mit Wasser übergießen und mind. 30 min. kochen lassen. Mit wenig frischem gehacktem Salbei bestreuen.

6.27 Reisbrei mit Hiobsträne (Samen) Yi Yi Ren

Wärmt Magen, harmonisiert den Darm, stärkt Qi-Funktion, reduziert Feuchtigkeit. Stärkt Milz, nährt und stärkt Lung. Bewegt Qi und Blut, diuretisch, kühlt bei innerer Hitze.
Kalorien p. Portion 211
Kochdauer ca. 2 Stunden
Thermische Wirkung: neutral

Menge	Zutaten		
4 Tassen	Wasser	ja	E
1 Tasse	Reis Sorte beliebig	empfehlenswert	M
1/4 Stück	Zitrone Schale	ja	F
1/2 Tasse	Hiobsträne (Samen) YiYi Ren	ja	
1 EL	Kresse	empfehlenswert	M

Kochanleitung:
Reisbrei nach Grundrezept und eine halbe Tasse Yi Yi Ren und Zitronenschale mitkochen. 1 Stunde köcheln und danach Kresse drüberstreuen.

6.28 Reisbrei mit Orangenschale

Wärmt Magen und Milz, harmonisiert den Darm, stärkt Qi-Funktion, reduziert Feuchtigkeit. Bewegt Leber-Qi, kühlt Hitze, befeuchtet, entspannt, baut Qi auf, verteilt. Nährt Blut, befeuchtet, entspannt, baut

Qi auf, verteilt.
Kalorien p. Portion 119
Kochdauer ca. 10 Min. (+Grundrezept)
Thermische Wirkung: neutral

Menge	Zutaten		
1 Tasse	Reis Sorte beliebig	empfehlenswert	M
6 Tassen	Wasser	ja	E
1/4 Stück	Orange abgeriebene Schale	empfehlenswert	
1 EL	Olivenöl	empfehlenswert	E
1/2 Tasse	Champignon	empfehlenswert	E
1/2 Staude	Sellerie Stangensellerie	empfehlenswert	E
3-4 EL	Grundrezept für eine Hühnerbrühe	empfehlenswert	
1 Prise	Salz	ja	W

Kochanleitung:
Man kocht am Vortag Reis, Orangenschale und Wasser in einem Verhältnis von etwa 1:6. Die Menge des Wassers bestimmt die Dicke des Breis (reine Geschmacksache). Der Reis quillt unwahrscheinlich auf, nehmen Sie also nicht viel. Geben Sie den Reis in einen Topf mit guter Isolierung und einem schweren Deckel. Wichtig ist, denReis nach kurzem Aufkochen nur auf kleinster Flamme köcheln zu lassen, da er sonst anbrennt. Kochen Sie den Reis 2-4 Stunden. Je länger er kocht, umso mehr stärkt er Qi und Blut.
In einem Topf das Öl erhitzen, die kleingeschnittenen Champignon und Sellerie hineingeben, und kurz anbraten. Den Reis hinzugeben. Gemüsebrühe oder Wasser hinzugeben, aufwärmen, salzen.

6.29 Reis-Congee mit Karotten und Fenchel

nährend baut Qi auf, stärkt die Verdauungsfunktionen
Kalorien p. Portion 131
Kochdauer ca. 2 Stunden und mehr
Thermische Wirkung: warm

Menge	Zutaten		
1/2 Liter	Grundrezept für eine Reissuppe (Congee)	ja	
2 Stück	Karotte (Mohrrübe, Möhre)	empfehlenswert	E
1 Stück	Fenchel	wenig	E
1 TL	Butter Bio	empfehlenswert	E
1/2 TL	Kardamom	empfehlenswert	M

Kochanleitung:
Reis-Congee nach Grundrezept kochen.
Hinweis:
Wenn Karotten und Fenchel von Anfang an mitgekocht werden, dienen sie der Bekömmlichkeit. Werden sie kurz vor Ende der Kochzeit zugegeben, bleiben Geschmack und Vitamine erhalten.
Vor dem servieren mit Butter und Kardamom verfeinern.

6.30 Reisnudelsuppe mit Shiitakepilzen

Stärkt Milz und Leber, reguliert Qi-Fluss, entspannt, baut Qi auf, verteilt. trocknet aus, leitet nach unten. Stärkt Magen-Qi. Nährt Yin von Lunge, Magen und Dickdarm, unterstützt die Verdauung. Reduziert inneren Wind
Kalorien p. Portion 65
Kochdauer ca. 20 Min. (+Grundrezept)
Thermische Wirkung: neutral

Menge	Zutaten		
2 Handvoll	Reisnudeln	ja	M
4-6 Stück	Shiitake, getrocknet	empfehlenswert	E
2 Tassen	Grundrezept für eine Gemüsebrühe nahrhaft	ja	
1 Tasse	Chinakohl	empfehlenswert	E
1 TL	Liebstöckel	empfehlenswert	M
2 EL	Miso	empfehlenswert	W

Kochanleitung:
Reisnudeln und Shiitakepilze getrennt in kaltem Wasser einweichen. Gemüsebrühe erhitzen und eingeweichte, in Streifen geschnittene Shiitakepilze zugeben und sanft köcheln. Chinakohl nudelig schneiden, Liebstöckelgrün und Reisnudeln dazugeben und kurz ziehen lassen. Vor dem Servieren in etwas abgekühltem Kochwasser gelöstes Miso einrühren.
Empfehlung: Geeignet zu Beginn jeder Mahlzeit, auch zum Frühstück

6.31 Reissuppe mit Algen

Stärkt Qi und Blut, reduziert Kälte, stärkt Milz, Leber und Magen, stärkt Blut und Qi, wärmt Milz und Niere, löst Stagnation, leitet nach oben.
Kalorien p. Portion 130
Kochdauer ca. 4-5 Stunden
Thermische Wirkung: warm

Menge	Zutaten		
30 dag.	Rind Fleischknochen	ja	E
40 dag.	Rind Suppenfleisch	empfehlenswert	E
1/4 Bund	Petersilie	wenig	H
4	Wacholderbeere	wenig	F
2 Stück	Karotte (Mohrrübe, Möhre)	empfehlenswert	E
10 dag.	Sellerie Knolle	empfehlenswert	E
1/2 Stück	Zwiebel Frühlingszwiebel	wenig	M
4	Pfeffer Körner	wenig	M
1 Ast	Liebstöckel	empfehlenswert	M
3 cm	Wakame	empfehlenswert	W
3 EL	Reis Sorte beliebig	empfehlenswert	M
1 Liter	Wasser	ja	E

Kochanleitung:
In Wasser Petersilie geben und aufkochen; Wacholderbeeren, Fleischknochen, ein Stück Suppenfleisch, Karotte und ein Stück Sellerieknolle, eine separat gebräunte Zwiebelhälfte, einige Pfefferkörner, Liebstöckel und ein Stück Wakame-Alge zugeben; alles 4-8 Stunden köcheln lassen und dann abseihen. Reis hinzufügen und noch eine 1/2 Stunde weiterköcheln lassen.

Brühe im Kühlschrank aufbewahren.

Variante: Wenn man das Fleisch nach 1-2 Stunden herausnimmt, kann man es noch gut würfeln und später als Suppenzutat verwenden.

6.32 Rinderkraftbrühe

Erwärmend und nährend, baut Qi, Blut und Säfte auf.
Kalorien p. Portion 124
Kochdauer ca. 2-6 Stunden
Thermische Wirkung: warm

Menge	Zutaten		
1 Liter	Wasser	ja	E
2 Spritzer	Zitrone	weniger als angegeben	H
500 g.	Rind Fleisch	ja	E
2 Stück	Rind Fleischknochen	ja	E
gute Prise	Kurkuma (Gelbwurz)	empfehlenswert	F
2 Stück	Karotte (Mohrrübe, Möhre)	empfehlenswert	E
3 cm	Sellerie Knolle	empfehlenswert	E
1 Stück	Petersilienwurzel	empfehlenswert	E
1 Stück	Zwiebel weiss	wenig	M
2-3 Blatt	Lorbeerblatt	ja	M
1/2 TL	Koriander	empfehlenswert	M
2 cm.	Ingwer frisch	wenig	M
2 cm.	Wakame	empfehlenswert	W
1 Stiel	Petersilie	wenig	H

Kochanleitung:
Kaltes Wasser aufsetzen (soviel, dass das Fleisch eben bedeckt wird), einige Spritzer Zitronensaft, etwas Kurkuma, Rindfleisch und Knochen dazugeben; zum Kochen bringen und einen Moment sieden lassen; dann die ganze Brühe weggießen, den Topf säubern, Fleisch und Knochen mit heißem Wasser abbrausen (dadurch erspart man sich das Abschäumen) und erneut mit heißem Wasser (Menge nach Belieben) aufsetzen; eine gute Prise Kurkuma, Karotte, Sellerie, Petersilienwurzel in den Topf geben; Zwiebel, Lorbeerblätter, Koriander, ein Stück in Scheiben geschnittenen Ingwer, einen Streifen Wakame, einen Stiel Petersilie dazugeben; alles zusammen aufkochen und 2- 6 Stunden

köcheln lassen (wenn das Fleisch anderweitig verwendet werden soll, nimmt man es nach 1 1/2 - 2 Stunden aus der Brühe, sobald es gar ist; die Knochen gibt man zurück in die Brühe); nach Ende der Kochzeit die Brühe durch ein Sieb geben und alle Zutaten wegwerfen.

Hinweise: Je länger die Brühe gekocht hat, um so erwärmender, aber auch nährender ist sie. Sie ist nach dem Abkühlen 3- 4 Tage im Kühlschrank haltbar. Die Brühe kann heiß getrunken werden oder die Basis für Suppen mit Getreide, Kartoffeln und frischem Gemüse bilden.

6.33 Selleriesaft

Stärkt Magen-Qi, befeuchtet, entspannt, baut Qi auf, verteilt.
Kalorien p. Portion 33
Kochdauer ca. 5 Min.
Thermische Wirkung: kühl

Menge	**Zutaten**		
1/2 Stück	Sellerie Knolle	empfehlenswert	E
1 Tasse	Wasser	ja	E
1 Prise	Salz	ja	W

Kochanleitung:
Seller Knolle entsaften und mit Wasser mischen und nach Bedarf salzen.

6.34 Tee Koriandertee

Schweiß treibend, reduziert Wind.
Kalorien p. Portion 2
Kochdauer ca. 10 Min.
Thermische Wirkung: warm
Therapeutisches Rezept

Menge	**Zutaten**		
1 TL	Koriander	empfehlenswert	M
1/2 Liter	Wasser	ja	E

Kochanleitung:
Wasser zum sieden bringen und wegstellen. Koriander dazugeben und 10 min. ziehen lassen.

6.35 Tee Stangensellerietee

Bewegt Leber-Qi, kühlt Hitze, befeuchtet, entspannt, baut Qi auf, verteilt.
Kalorien p. Portion 0
Kochdauer ca. 15 Min.

Thermische Wirkung: kühl
Therapeutisches Rezept

Menge	Zutaten		
2 EL gehackte	Sellerie Stangensellerie	empfehlenswert	E
1/2 Liter	Wasser	ja	E

Kochanleitung:
Wasser zum sieden bringen und wegstellen. Kleingeschnittene Stangensellerie dazugeben und 10 min. ziehen lassen. Ev. mit Honig süßen. Beim eingießen abseihen.

6.36 Trauben-Kompott

Befeuchtet, entspannt, baut Qi auf, verteilt. Befeuchten Lunge und Dickdarm.
Kalorien p. Portion 128
Kochdauer ca. 10 Min.
Thermische Wirkung: kühl

Menge	Zutaten		
150 g.	Trauben rot	empfehlenswert	E
4 EL	Wasser	ja	E
1 TL	Mandeln	empfehlenswert	E

Kochanleitung:
Die Trauben von den Stielen lösen, in warmem Wasser gründlich waschen und abtropfen lassen. Die Trauben halbieren (Für Babys die Kerne entfernen). In einem kleinen Topf 4 Esslöffel Wasser mit den Trauben und den geriebenen Mandeln zum Kochen bringen. Bei schwacher Hitze etwa 3 Minuten kochen lassen, dann kalt stellen. (Für Babys handwarm).

6.37 Tsampa mit Marmelade oder Obstkompott

Nährt Säfte, reduziert Magenhitze, stärkt Milz, produziert Essenz, harmonisiert Magen. Nähren Yin, befeuchten, befeuchtet Darm.
Kalorien p. Portion 280
Kochdauer ca. 5 min.
Thermische Wirkung: kühl

Menge	Zutaten		
3 EL	Tsampa (geröstetes Gerstenmehl)	empfehlenswert	E
6-8 EL	Wasser	ja	E
1/2 TL	Butter Bio	empfehlenswert	E
1 EL	Erdbeermarmelade	empfehlenswert	H
2 TL	Sonnenblumenkerne	empfehlenswert	E
1 Stück gerieben	Apfel (süß)	empfehlenswert	E

Kochanleitung:
Tsampa mit kochendem Wasser übergießen und mit einem Löffel umrühren bis ein Brei entsteht.
Butter, Marmelade, Sonnenblumenkerne und geriebenen Apfel dazugeben.
Süßen nach Geschmack mit Honig, Vollrohrzucker, oder Gerstenmalz
Gewürze und Kräuter: frische Minze, Vanille oder Kakao, Anis, Zimt

Sommer: Marmelade oder Kompott nach Wahl
Winter: Nüsse und Apfel oder Birne

6.38 Überbackenes Chicoréegemüse

Erfrischend, bringt das Qi nach unten.
Kalorien p. Portion 230
Kochdauer ca. 20 Min.
Thermische Wirkung: kühl

Menge	Zutaten		
4 Stück	Chicorée	empfehlenswert	F
2 EL	Sahne, süß 30%	wenig	H
2 EL	Brösel (Weizenbrot, Semmel)	ja	H
1/2 Tasse	Reis Basmatireis	ja	M
3 Tassen	Wasser	ja	E
1 Prise	Salz	ja	W

Kochanleitung:
In heißem Wasser Chicorée im Ganzen etwa 5 Minuten blanchieren; in eine Auflaufform geben; etwas süße Sahne darübergeben; Semmelbrösel über den Chicoree geben und überbacken.

Den Reis im gesalzenen Wasser zustellen, aufkochen lassen und bei kleiner Hitze ca. 15 Min. Quellen lassen.

6.39 Zuckererbsensuppe mit Garnelen

Stärkt Milz und Leber, reguliert Qi-Fluss, Stärken die Mitte, diuretisch, harmonisiert Qi (v.a. im Mittleren und Unteren Erwärmer), stärkt Nieren-Qi und -Yang
Kalorien p. Portion 215
Kochdauer ca. 15 Min. (+Grundrezept)
Thermische Wirkung: warm

Menge	Zutaten		
250 g.	Erbsen	ja	W
1/2 Liter	Grundrezept für eine Gemüsebrühe nahrhaft	ja	
1 TL	Olivenöl	empfehlenswert	E
1 Stück	Zwiebel Frühlingszwiebel	wenig	M

1 Bund	Petersilie		wenig	H
1 TL	Olivenöl		empfehlenswert	E
8 Stück	Garnele		ja	W
1 Prise	Salz		ja	W
1 Prise	Pfeffer (gemahlen)		empfehlenswert	M

Kochanleitung:
Erbsen in einem Topf mit Wasser weich kochen, abseihen und mit kaltem Wasser abschrecken. Die Petersilie klein hacken, zu den Erbsen geben und mit Gemüsebrühe aufgießen. Zwiebeln klein schneiden und in wenig Olivenöl glasig dünsten, zur Suppe geben und pürieren. Die ausgelösten Garnelen in Olivenöl kurz anbraten, in mundgerechte Stücke schneiden und in die Suppe geben. Mit Salz und Pfeffer abschmecken.

7 Wirkung der Lebensmittel

7.1 Zutaten verwenden: empfehlenswert

Aal geräuchert 291
Acaipulver 393
Acerola Fruchtnektar oder Pulver 35
Adzukibohnen 263
Agavendicksaft 312
Ahornsirup 268
Aloesaft .... -
Amaranth POPS 374
Andornkraut .... -
Angelikawurzel .... -
Apfel (süß) 60
Apfelmus 72
Apfelsaft (Naturtrüb) 50
Aprikose getrocknet 249
Aprikosen Marmelade 272
Aprikosennektar 58
Artischocke 12
Astronautenkost 418
Austernschalenpulver .... -
Backpulver 156
Baldrian .... -
Bambussprossen 10
Banchatee .... -
Bärentraubenblätter .... -
Bärlauch (Knoblauchspinat) .... -

Basilikum	27
Basilikum (frisch)	27
Bataviasalat	-
Beeren der Saison	-
Beerensaft	-
Benediktendistel	-
Berberitzenrindetee	-
Bier (alkoholarm)	55
Bier (alkoholfrei)	26
Bitter Lemon	52
Bitterklee	-
Bitterlikör	-
Bitterorangenschale	-
Blätterteig	418
Blattsalate (bitter)	16
Blumenkohl (Karfiol)	27
Blütenpollen	-
Bocksdornfrüchte (Fructus Lycii) getrocknet	73
Bockshornklee	-
Bohnen (grün, frisch)	35
Bohnenkraut	50
Borretsch	21
Borretschöl	-
Bratöl	-
Brie	335
Brokkoli	33
Brombeerblätter	-
Brombeere getrocknet (unreife)	-
Brombeermarmelade	267
Brot mit Johannisbrotkernmehl	222
Brötchen (Semmel)	263
Buchweizen	-
Buchweizen (geröstet) Kasha	-
Buchweizen Vollkorn	351
Bulgur (Getreide)	-
Buschbohnen	26
Butter (halbfett)	3.830
Butter Bio	754
Butterbohnen weiße	274
Camembert	288
Campari	-
Cashewnüsse	600
Champignon	27

Chana-Dal	-
Chicorée	16
Chinakohl	16
Chrysanthemenblütentee	-
Colagetränk	60
Colagetränk (kalorienarm)	4
Couscous	345
Cranberrys	53
Cumin (Kreuzkümmel)	411
Curcuma (Gelbwurz)	-
Currypaste rot	104
Dashi	167
Datteln rot	143
Dill	43
Dinkel Flocken	327
Distelöl	899
Dornhai (Seeaal, Schillerlocken)	154
Dorsch	96
Dulse (Lappentang)	246
Edamer	354
Eibennuss	-
Eibisch	-
Eisbergsalat	13
Emmentaler	398
Entenei	186
Enziantee	-
Enzianwurzel	-
Erbse, grün	81
Erdbeermarmelade	268
Erdnuss (geröstet)	629
Erdnussbutter	611
Erdnüsse	-
Erdnussöl	895
Essig (Rotweinessig)	21
Essig Aceto Balsamico	21
Essig Aceto Balsamico weiss	21
Essiggurke	16
Estragon	52
Färberdistel (Hong Hua)	-
Färberginsterkraut	-
Feige	78
Feige getrocknet	239
Fenchelsamen gemahlen	348

Fernet Branca (Kräuterbitterlikör) .... -
Feta 236
Fisch Innereien .... -
Fischreste .... -
Fischsauce 30
Fischstücke gemischt (Süßwasser) 100
Flaschenkürbis 13
Flohsamen 10
Flunder 117
Forelle 105
Forelle (geräuchert) 120
Frischkäse aus Soja 363
Frischkäse mit Kräuter 341
Früchtetee 1
Fruchtzucker (Fruktose, Traubenzucker) 406
Gagelpflaume .... -
Galgant .... -
Gans (Gänseschmalz) 900
Gänseblümchen .... -
Gänseblut .... -
Garam Masala Pulver .... -
Gelatine weiss .... -
Gelee Royal .... -
Gemüsesaft 18
Gerste 354
Gerste (Nacktgerste) 354
Gerste (Perlgerste) 354
Gerstengras Pulver 371
Gerstengraupen 350
Gerstengrütze 314
Gerstenmalz 291
Ginkgofrucht 3.600
Ginseng .... -
Ginsenglikör .... -
Ginsengwurzel .... -
Glühweingewürzmischung .... -
Gorgonzola 356
Gouda 365
Grapefruit getrocknete Schale .... -
Grapefruit/Pampelmuse/Pomelo 43
Grapefruitsaft 47
Grundrezept für eine Entenbrühe 660
Grundrezept für eine Fischbrühe 82

Grundrezept für eine Hühnerbrühe wärmend	39
Grundrezept für eine Rinderbrühe	-
Grundrezept für eine Rinderbrühe (klar)	34
Grundrezept für eine Rindermarkknochenbrühe	-
Guave	-
Gurke (bitter)	12
Gurke (Gewürzgurke)	13
Hagebutte	246
Hase	153
Hase, wild	113
Haselnüsse	656
Hefe	313
Heidelbeere getrocknet	72
Heidelbeermarmelade	271
Heilbutt	101
Hering	234
Hibiskustee	-
Hijiki	139
Himbeerblättertee	-
Himbeermarmelade	269
Hirsch Knochen	-
Hirsch Nieren	-
Hirse	362
Hirseflocken	369
Hokkaidokürbis	27
Holunderbeeren	53
Honigwein (Met)	110
Hopfen	-
Huhn Blut	-
Huhn Eiweiß	50
Huhn Fleisch	102
Huhn Herz	124
Huhn Leber	136
Huhn Magen	-
Hüttenkäse	103
Ingweröl	-
Jakobstränen	-
Jasminblütentee	-
Joghurt Vanille	68
Johannisbeermarmelade (rot)	272
Johannisbeermarmelade (schwarz)	278
Johannisbeernektar (schwarz)	70
Johannisbrotkernmehl	60

Kaffeeweißer	549
Kaki-Pflaume	71
Kaktusfeige	-
Kalmus	-
Kamille	1
Kamillentee	-
Kaninchen Fleisch	154
Kaninchen Leber	-
Kapern (eingelegt)	23
Kapuzinerkresse	-
Karausche	112
Kardamom	360
Karotte (Frühkarotte)	21
Karotte (Mohrrübe, Möhre)	41
Karottensaft ohne Zucker	41
Karpfen	127
Kartoffel (mehlige)	68
Kartoffelmehl	-
Käsepappeltee	-
Kastanien Püree (Maronen)	173
Kerbel	-
Kerbel getrocknet	209
Kirsche (sauer)	53
Kirschenkompott	85
Klementine	33
Knäckebrot	358
Kohlrübe	22
Kokosfett	894
Kokosflocken	604
Kokosnussfleisch	367
Kokosraspeln	604
Kompott (Früchte der Saison)	-
Koriander	321
Koriandergrün	266
Korinthen (rot)	21
Korinthen (schwarz)	28
Krake	-
Kräuter bittere	-
Kräuter der Provence	-
Kräuter verschiedene	-
Kräuter Wildkräuter	-
Kräuterteemischung	1
Kresse	38

Kukichatee .... -
Kümmel 333
Kümmel gemahlen 333
Kürbiskerne 597
Kurkuma (Gelbwurz) 376
Kuzu 342
Lachs 130
Lamm Leber 133
Lamm Nieren .... -
Laugengebäck 340
Lavendelblüten .... -
Leberglättertee .... -
Leinöl 900
Leinsamen .... -
Leinsamen (geschrotet) 372
Liebstöckel 42
Liebstöckelsamen .... -
Lilienzwiebel .... -
Limabohnen 80
Lindenblütentee .... -
Linsen rot 77
Linsen schwarz 77
Löffelbiskuit 416
Loquate/Japanische Mispel 47
Lotossamen .... -
Lotoswurzeln .... -
Löwenzahnsaft .... -
Luohan-Frucht .... -
Lycheelikör .... -
Magermilchpulver 367
Mais 375
Mais (geröstet) .... -
Mais (Schnellpolenta) 330
Mais Grieß (Polenta) 345
Mais Mehl (Maizena) 368
Maishaartee .... -
Maisstärke 370
Majoran 46
Makannasternsamen .... -
Makrele 180
Malz 281
Malzbier 48
Mandeln 640

Mangold	23
Mangosaft	50
Maniokmehl	337
Marillensaft	58
Martini	-
Mascarpone	434
Mayonnaise 50%	482
Mayonnaise 80%	744
Meeräsche	113
Mehrkornbrot (Graubrot)	211
Melisse	-
Mineralwasser	-
Mirabelle	67
Miso	198
Miso schwarz (fermentiert)	124
Mispel	42
Mittelmeerfisch (Kabeljau, Scholle, Schellfisch, Seeaal, Makrele)	-
Mixed Pickels	1
Molke	25
Moosbeere	48
Morchel (schwarz, getrocknet)	10
Mu-Erh-Pilz	-
Mungobohnensprossen	24
Müsli	359
Nachtkerzenöl	-
Nektarine	56
Nierenbohnen (rote)	314
Nori, Purpurtang, Rotalge	40
Nudeln (Vollkorn) mit Ei	102
Nudeln (Weizen) mit Ei	353
Nudeln (Weizen, Bandnudeln) mit Ei	353
Nudeln (Weizen, Lasagneblätter) mit Ei	353
Nudeln (Weizen, Spagetti) mit Ei	353
Obstmischung Fruchtsaft	63
Odermennig	-
Oliven grün	144
Olivenöl	897
Orange abgeriebene Schale	-
Orange getrocknete Schale	-
Orange Schale	-
Orangenblüten	-
Orangenmarmelade	273
Oregano frisch	68

Palmöl	898
Paprika (süß)	24
Paranuss	703
Passionsblumenblütentee	-
Passionsfrucht (Maracuja)	79
Peperoni	20
Peperoni, gelb, entkernt, halbiert	-
Peperoni, rot, entkernt, halbiert	-
Petersilienwurzel	33
Pfeffer (gemahlen)	255
Pfeffer weiss (gemahlen)	255
Pfefferminze	43
Pfefferminztee	375
Pfeilwurzelmehl	-
Pferd Fleisch	119
Pfifferlinge/Eierschwammerl	12
Pflaume getrocknet	261
Pinienkerne	674
Pintobohnen gesprenkelt	-
Pistazien	638
Preiselbeermarmelade	271
Prosecco	75
Puddingpulver Vanille	382
Pumpernickel	188
Pute Brustfleisch	102
Pute Schinken	102
Qualle	-
Radicchio	17
Rapsöl	917
Reineclaude	72
Reis Gaoliangreis (Sorghum)	-
Reis Klebreis	360
Reis Langkornreis	347
Reis Reisschleim	353
Reis Rundkornreis	350
Reis Sorte beliebig	351
Reis Vollkorn	353
Reishi	27
Reismehl	351
Reisstärke	343
Rettich Meerrettich (Kren)	48
Rettichblätter (vom Wochenmarkt)	-
Rind Herz	124

Rind Herz (Kalb) ... 114
Rind Knochenmark ... 837
Rind Leber ... 121
Rind Lunge (Kalb) ... 94
Rind Niere ... 116
Rind Ochsenschwanzstücke ... 184
Rind Suppenfleisch ... 148
Rindfleisch (Kalb) ... 137
Roggen Vollkornbrot ... 306
Rosenblättertee ... -
Rosenblütentee ... -
Rosenkohl ... 29
Rosenpaprika ... -
Rosenpaprika Pulver ... 306
Rotbarsch ... 105
Rote Grütze (ohne Zucker) ... 118
Rote Rübe ... 42
Rotkohl ... 18
Rum ... 312
Safran ... 349
Sahen 10% Kaffeesahne ... 203
Sahne sauer 10% ... 118
Sahne sauer 20% ... 205
Sahne sauer 30% ... 288
Salz Kräutersalz ... 21
Sanddorn ... 100
Saubohnen (Dicke Bohnen) ... 309
Sauerteig ... 310
Schafgarbe ... -
Schafmilch Joghurt ... 94
Schafsmilch ... 102
Schlagobers (30 % Fett) ... 309
Schlehdorn ... 58
Schmelzkäse 12% ... 221
Schmelzkäse 30% ... 328
Schnecke ... -
Schokolade ... 526
Schokolade (Diabetiker) ... 409
Schwarze Bohnen ... -
Schwarzer Fungu Pilz ... 211
Schwarzkümmel ... 899
Schwarzwurzel ... 17
Schwedenkraut ... -

Schwein Blut	-
Schwein Darm	-
Schwein Fett	-
Schwein Haut	-
Schwein Haxe (Eisbein)	194
Schwein Herz	89
Schwein Hirn	-
Schwein Lunge	-
Schwein Markknochen (Röhrenknochen)	-
Schwein Mettwurst	-
Schwein Nieren	114
Schwein Schinken	127
Schwein Schinken gekocht	216
Schwein Schinkenspeck	500
Schwein Schmalz	883
Seegurke	-
Sellerie Knolle	17
Sellerie Stangensellerie	17
Senf	143
Senf Dijon	85
Senf mittelscharf	86
Senf süß	187
Sesam Paste (Tahini)	663
Sesam, Schwarzer	594
Sesam, Weißer	594
Sesamöl	896
Sesamöl geröstet	896
Sherry	-
Shiitake, getrocknet	355
Shrimps	80
Silbermorchel, getrocknet	-
Soja Cuisine (Soja-Sahne)	418
Soja Tofu	72
Soja Tofu geräuchert	72
Sojabohne	418
Sojabohnen, Schwarze	418
Sojabohnen, Schwarze, fermentiert	418
Sojabohnenmilch	31
Sojamehl	418
Soja-Nudeln	325
Sonnenblumenkerne	524
Speiserüben	26
Spitzwegerichtee	-

Steinpilz/Herrenpilz ... 20
Stevia (Süßkraut) ... -
Stutenmilch ... -
Süßholzwurzeltee ... -
Süßkartoffel ... 118
Süßwasserfisch ... -
Süßwasserkrebs ... -
Tabasco ... 70
Taube Ei ... -
Teemischung Harnsäuresenkend ... -
Thymian getrocknet ... 276
Tintenfisch ... 87
Toastbrot (Vollkorn) ... 259
Tomate getrocknet ... 105

Zutaten verwenden: .... **empfehlenswert**
Kalorien 100g.
Tomatenmark 175
Tomatenpüre 17
Tomatensaft 15
Tonicwasser 38
Topinambur / Erdbirne 31
Trauben rot 73
Traubenkernöl 968
Traubensaft rot 73
Traubensaft weiß 73
Trüffel 56
Tsampa (geröstetes Gerstenmehl) 336
Umeboshipaste 41
Vanille .... -
Vanillepulver .... -
Vanilleschote 261
Vanillezucker Natur 389
Vogelmiere .... -
Vogerlsalat (Pflücksalat) 10
Vollkornbrot 233
Vollkornmehl 187
Wachskürbis 14
Wachtel Ei 154
Wakame .... -
Walderdbeeren .... -
Walnüsse geröstet .... -
Walnussöl 896
Weißbrot (Weizenbrot) 263
Weißbrot Baguette 263
Weißbrot Salzstangerl 263
Weißbrot Semmel 263
Weiße Bohnen 112
Weißfischchen .... -
Weißkohl/Weißkraut 25
Weißwurz .... -
Weizen Fladenbrot 240
Weizen Gras Pulver .... -
Weizen Mehl Vollkorn 337
Weizen/Roggen Grau- Schwarzbrot mit Hefe 337
Weizengrassaft .... -
Weizenkeimöl 879
Wermut .... -

Wermutkraut 80
Wildkräuter .... -
Wirsing/Grünkohl 22
Yamswurzel, Yamswurzelknolle .... -
Ziegen- und Schafsblut .... -
Ziegen- und Schafshirn .... -
Ziegen- und Schafsleber .... -
Ziegen- und Schafsmagen .... -
Ziegen- und Schafsmilch .... -
Ziegenkäse 396
Zitronengras .... -
Zitronenmelisse (frisch) 43
Zitronenmelisse (getrocknet) 294
Zucchini 19
Zucker (Staubzucker) 400
Zucker Melasse 400
Zucker Palmzucker 400
Zuckerersatz (Süßstoff) .... -
Zwetschken 43
Zwieback 394

7.2 Zutaten verwenden: ja

Aal 267
Aprikose 42
Austern 72
Austernpilze 31
Barsch 121
Brennnessel 24
Brösel (Weizenbrot, Semmel) 263
Calamari 88
Chenpi (chinesische Mandarinenschale) .... -
Chlorella (Süßwasser) .... -
Datteln getrocknet 325
Endiviensalat 19
Erbsen 145
Gans 342
Gans (Gänseklein) 354
Gänseei 192
Garnele 101
Gerstenmehl 354
Graskarpfen .... -
Grundrezept für eine Gemüsebrühe nahrhaft 19

Grundrezept für eine Reissuppe (Congee)	50
Grüner Tee	149
Haifisch	-
Hiobsträne (Samen) YiYi Ren	-
Hirsch Fleisch	112
Holunderblütentee	237
Hummer	90
Kabeljau	76
Kartoffel	68
Kastanien (Maronen)	173
Kichererbsen	346
Kokosmilch	24
Kombualge	-
Kopfsalat	17
Kumquat	71
Kürbis	27
Kürbiskernöl	830
Languste	-
Longane	60
Lorbeerblatt	313
Mandelmilch	624
Mandelmus	624
Mandeln Marzipan	486
Margarine	720
Margarine (Diät)	720
Marillen	55
Mungobohne	273
Okra	31
Oliven	352
Papaya	13
Paprika	20
Pastinake	22
Quinoa	343
Quitte	38
Radieschen	20
Reis Basmatireis	334
Reis Duftreis	351
Reis Roter	-
Reis Schwarzer	-
Reis Süßer	-
Reis Wilder (Naturreis)	353
Reisnudeln	109
Rettich schwarz	19

Rind Filet	116
Rind Fleisch	148
Rind Fleischknochen	11
Rind Magen	94
Roggen	312
Roggenmehl	312
Römersalat/Lattich-Salat	-
Rosinen	272
Sago (Getreide)	341
Salbei	315
Salz	-
Scholle	112
Schwarztee	157
Schwein Magen	-
Sojabohnen, Gelbe	418
Sojaöl	899
Sonnenblumenöl	898
Stangenbohnen (Fisolen)	25
Taube	-
Thunfisch	256
Wachtel	175
Walnüsse	690
Wasser	-
Wasser heiss	-
Weizen	321
Weizen Bulgurweizen	287
Weizen Flocken	321
Weizen Grieß	344
Weizen Grieß - Kindergrieß	344
Weizen Mehl	337
Zitrone Schale	-
Zucker braun	406

7.3   Zutaten verwenden: wenig

Ananas	59
Ananas (aus der Dose)	88
Ananassaft ungezuckert	59
Anis (gemeiner Fenchel)	378
Birne	60
Birnensaft	68
Bohnenöl	-
Boxhornkleesamen	-

Brombeere	29
Buttermilch	41
Butterschmalz	897
Clementinen	48
Creme fraiche	387
Dinkel	320
Dinkel Brot	337
Dinkel Grieß	337
Dinkel Vollkornmehl	337
Ente (Frühmastente, schlachtfrisch)	227
Ente (Herz)	-
Erdbeere	37
Erdbeersaftgetränk	30
Essig (Apfelessig)	21
Fasan	143
Fenchel	31
Fencheltee	-
Frischkäse	274
Getreidekaffee	-
Granatapfel	44
Grünkern	324
Hafer	389
Hafer Flocken (Vollkorn)	399
Hafer Flocken geröstet	353
Hafer Mehl	388
Hafer Milch	45
Hafer Schmelzlocken (Babynahrung)	399
Hafer Schrot	389
Hagebuttentee	205
Heidelbeere	37
Heidelbeersaft	37
Himbeere	34
Himbeere getrocknet (unreife)	-
Huhn Ei	154
Huhn Eigelb	354
Ingwer frisch	49
Johannisbeere (rot)	45
Johannisbeere (schwarz)	54
Johannisbeere (weiß)	38
Kaffee	2
Kakao	372
Kefir	50
Kirsche	63

Kirschsaft	58
Kohlrabi	31
Lauch (Porree)	75
Lauchzwiebel Schnittlauch	27
Linsen (Helmbohnen)	110
Linsen gelb	77
Lychee	76
Lychee (Konserve)	98
Maiskeimöl	899
Malventee	-
Mandarine	45
Mohn	478
Nelke	322
Oregano getrocknet	306
Paprika (Rosenpaprika)	24
Petersilie	53
Pfeffer Cayenne	255
Pfeffer Körner	255
Pfirsich	43
Pfirsich (Dose)	43
Preiselbeere	46
Preiselbeersaft	23
Quargel 20%	125
Reh Fleisch	160
Reismalz	316
Rosmarin	96
Rotwein	77
Sahne, süß 30%	322
Sake	24
Sardellen/Sardine	124
Sauerkirsche	58
Sauerkraut	-
Sauermilch	64
Sauerrahm 15% Fett	188
Schafskäse	219
Schwarzaugenbohnen	-
Schwein Leber	124
Senfsamen	-
Stachelbeere	38
Sternanis	-
Thymian	-
Topfen 20%	118
Topfen 40%	143

Trauben weiß 73
Umeboshipflaumen (Japanaprikosen) 29
Wacholderbeere 362
Weißdorn .... -
Weißwein 79
Ysop .... -
Zwiebel Frühlingszwiebel 28
Zwiebel rot 28
Zwiebel Schalotte 22
Zwiebel weiss 28

7.4 Kontraindikativ wirkende Lebensmittel nicht verwenden

Agar-Agar, Agartang
Amaranth
Apfel (sauer)
Aubergine
Avocado
Banane
Banane Kochbanane
Bier (Altbier)
Bier (Pils)
Chili (Schote oder gemahlen)
Curry
Feldsalat
Gurke
Hammel
Honig
Honigmelone
Ingwer Pulver
Joghurt (Natur, 1,5 % Fett)
Joghurt (Natur, 3,5 % Fett)
Karambole/Sternfrucht
Kaviar
Kiwi
Klettenwurzeltee
Knoblauch
Krabbe
Kuhmilch (1,5 % Fett)
Kuhmilch (Vollmilch 3,5 % Fett)
Lamm Fleisch

Lamm Knochen
Lamm Schulter
Löwenzahn (junger)
Löwenzahnwurzeltee
Mango
Maulbeerfrucht
Meereskrebs
Miesmuscheln
Mozzarella
Muskatnuss
Orange
Orangensaft
Parmesan
Pflaume
Piment
Rettich (weiß, grün, lila-rot)
Rhabarber
Rucola (Rauke)
Sauerampfer
Schaffleisch
Schafgarbentee
Schimmelkäse
Schnaps
Schwein Fleisch
Sojapaste (Miso)
Sojasauce
Spargel (grün oder weiß)
Spinat

Tomate
Wassermelone
Weizen Bier
Weizenkleie
Wildschwein Fleisch
Yogitee
Ziege
Zimtpulver
Zimtstange
Zitrone

Zitrone Saft
Zitrone, Limette
Zucker (weiß, aus Rüben)
Zucker Fructose Fruchtzucker
Zucker Glukose Traubenzucker
Zucker Kandis weiß
Zucker Milchzucker
Zucker Ursüße (Zuckerrohr)

8 Therapeutische Kräuter und deren Wirkungen

keine

9 Kräuter aus den Rezepten und deren Wirkungen

9.1 Brennnessel

Fördert Wasserlassen, Tee oder Pflazensaft wirkt blutreinigend, entschlackend, reinigt die Nieren, unterstützend bei Prostatabeschwerden, hemmen die Bildung von Entzündungsstoffen, wirkt schmerzlindernd.
Senkt Qi ab, trocknet aus, leitet nach unten.

9.2 Dill

Gegen Blähungen, krampflösend bei Magen-Darm-Beschwerden
Bewegt Qi, löst Stagnation, leitet nach oben.

9.3 Frauenmantel

Aufgrund seines hohen Gerbstoffgehaltes und seiner adstringierenden Wirkung besitzt der Frauenmantel entzündungshemmende und wundheilende Eigenschaften.

9.4 Koriander

Fördert Verdauung.
Schweiß treibend, reduziert Wind.

9.5 Kresse

Harntreibend, unterstützt das Wasserlassen.
Bewegt Qi und Blut, diuretisch, kühlt bei innerer Hitze, befeuchtet Lunge, löst Stagnation, leitet nach oben.

9.6 Lauchzwiebel Schnittlauch

Bakterizid, beugt Krebs vor, stärkt Magensaftproduktion, fördert Verdauung und Durchblutung, fördert das Wachstum, löst Stagnation.
Leitet nach oben.

9.7 Liebstöckel

Regt Verdauung an, reduziert Schmerzen.
Reduziert inneren Wind, Feuchtigkeit, löst Stagnation, leitet nach oben.

9.8 Lilienzwiebel

Beruhigt Nerven.

9.9 Majoran

Fördert Verdauung.
Löst Stagnation, leitet nach oben.

9.10 Makannasternsamen

Stärkt Milz, lindert Diarrhö, reduziert Ausfluss.

9.11 Melisse

Beruhigenden Wirkung, Einschlafstörungen, Unruhe und Magenbeschwerden, Allergien, Asthma, Migräne und Blähungen, zur Kräftigung nach Erkältungs- und Infektionskrankheiten, Kopfschmerzen, Rheuma und psychische Spannungen.
Bewahrt die Säfte, zieht zusammen, Beruhigt Le-Feuer, beruhigt Shen, regt Lungen Qi an.

9.12 Petersilie

Regt Leberfunktion an, entgiftet.
Nährt Blut und Leber, harmonisiert Leber und Milz, stärkt Sehkraft, bewahrt die Säfte, zieht zusammen.

9.13 Rosmarin

Fördert Verdauung, stärkt Lunge, Milz und Niere.
Trocknet aus, leitet nach unten. Stärkt Herz, Lunge und Milz-Qi, Stärkt Leber-Blut. Stärkt Herz-Yin. Vertreibt Milz Hitze/Kälte Feuchtigkeit. Stärkt Milz- und Nieren-Yang

9.14 Salbei

Trocknet aus, gegen Hefepilzinfektionen.
Vertreibt Schleim, leitet nach unten, Aktiviert Wei Qi, stärkt Qi.

9.15 Yamswurzel, Yamswurzelknolle

Baut Lunge, Milz, Niere auf.

9.16 Zitronenmelisse (frisch)

Anregend, antibakteriell, aufmunternd, beruhigend, entspannend, krampflösend, kühlend, pilzhemmend, schmerzstillend, schweißtreibend, virushemmend, Erkältung, Fieber, Grippe, Husten, Bronchitis, Asthma, Appetitlosigkeit, Blähungen, Sodbrennen.

10 Grundlagen der Ernährung

Die hier beschriebenen Grundlagen der Ernährung zeigen allgemeine Empfehlungen und beziehen sich nicht auf eine spezielle Therapieform. Die Empfehlungen der Therapie haben Vorrang.

10.1 Ernährung

Die regelmäßige Einnahme von Mahlzeiten in entspannter Atmosphäre. Ein wärmendes Frühstück gilt als guter Start in den Tag.
Mittags sollte die Hauptmahlzeit stattfinden - das Abendessen am frühen Abend.

Die Beachtung von Hunger- und Sättigungsgefühlen: Nicht überessen und nicht hungern, so lautet die Regel.

Die frische Zubereitung der Speisen aus naturbelassenen, regionalen Produkten. Tiefgekühlte, hitzekonservierte, industriell vorgefertigte oder mikrowellengegarte Lebensmittel werden abgelehnt.

Die Auswahl von Lebensmittel nach der Jahreszeit: Im Sommer mehr kühlende Nahrung, im Winter mehr wärmende Nahrung.

Mindestens zweimal am Tag Gekochtes essen. Speisen und Getränke sollen möglichst handwarm, niemals eiskalt oder heiß sein.

Rohkost, kurz gegartes Gemüse, frisch gepresste Säfte und Mineralwasser werden üblicherweise nicht empfohlen. Milch und Milchprodukte stehen nur dann auf dem Speiseplan, wenn sie problemlos vertragen werden.

Therapeutische Rezepte nicht über einen längeren Zeitraum ohne Rücksprache mit dem Arzt oder Therapeuten einnehmen.

1. Vielseitig essen
Lebensmittelvielfalt genießen. Merkmale einer ausgewogenen Ernährung sind abwechslungsreiche Auswahl, geeignete Kombination und angemessene Menge nährstoffreicher und energiearmer Lebensmittel. (Einerseits Schutz vor Unterversorgung mit essentiellen Nährstoffen und andererseits Schutz vor einer überhöhten Zufuhr unerwünschter Inhaltsstoffe.)

2. Reichlich Getreideprodukte - und Kartoffeln
Brot, Nudeln, Reis, Getreideflocken (am besten aus Vollkorn), sowie

Kartoffeln enthalten kaum Fett, aber reichlich Vitamine, Mineralstoffe, Spurenelemente sowie Ballaststoffe und sekundäre Pflanzenstoffe. Diese Lebensmittel sollten mit möglichst fettarmen Zutaten verzehrt werden.

3. Gemüse und Obst - Nimm "5" am Tag ...

5 Portionen Gemüse und Obst am Tag, möglichst frisch, nur kurz gegart, oder auch eine Portion als Saft – idealerweise zu jeder Hauptmahlzeit und auch als Zwischenmahlzeit: Damit werden reichlich Vitamine, Mineralstoffe sowie Ballaststoffe und sekundären Pflanzenstoffe (z.B. Carotinoiden, Flavonoiden) zugeführt. Das Beste, was man für die eigene Gesundheit tun kann.

4. Täglich Milch und Milchprodukte, ein- bis zweimal in der Woche

Fisch; Fleisch, Wurstwaren sowie Eier in Maßen. Diese Lebensmittel enthalten wertvolle Nährstoffe, wie z.B. Calcium in Milch, Jod, Selen und Omega-3-Fettsäuren in Seefisch. Fleisch ist wegen des hohen Beitrags an verfügbarem Eisen und an den Vitaminen B1, B6 und B12 vorteilhaft. Mengen von 300 - 600 g Fleisch und Wurst pro Woche reichen hierfür aus. Fettarme Produkte bevorzugen, vor allem bei Fleischerzeugnissen und Milchprodukten.

5. Wenig Fett und fettreiche Lebensmittel

Fett liefert lebensnotwendige (essenzielle) Fettsäuren und fetthaltige Lebensmittel enthalten auch fettlösliche Vitamine. Fett ist besonders energiereich, daher kann zu viel Nahrungsfett Übergewicht fördern, möglicherweise auch Krebs. Zu viele gesättigte Fettsäuren fördern langfristig die Entstehung von Herz-Kreislauf-Krankheiten. Pflanzliche Öle und Fette bevorzugen (z.B. Raps-, Oliven- und Sojaöl und daraus hergestellte Streichfette). Auf unsichtbares Fett achten, das in Fleischerzeugnissen, Milchprodukten, Gebäck und Süßwaren sowie in Fast-Food- und Fertigprodukten meist enthalten ist. Insgesamt 70 - 90 Gramm Fett pro Tag reichen aus.

6. Zucker und Salz in Maßen

Nur gelegentlich Zucker und Lebensmittel, bzw. Getränke verzehren, die mit verschiedenen Zuckerarten (z.B. Glucosesirup) hergestellt wurden. Kreativ mit Kräutern und Gewürzen und wenig Salz würzen. Jodiertes Speisesalz bevorzugen.

7. Reichlich Flüssigkeit

Wasser ist absolut lebensnotwendig. Jeden Tag rund 1-2 Liter Flüssigkeit trinken. Wasser (ohne oder mit Kohlensäure) und andere kalorienarme Getränke bevorzugen. Alkoholische Getränke sollten nicht konsumiert werden.

8. Schmackhaft und schonend zubereiten
Die jeweiligen Speisen bei möglichst niedrigen Temperaturen garen, soweit es geht kurz, mit wenig Wasser und wenig Fett - das erhält den natürlichen Geschmack, schont die Nährstoffe und verhindert die Bildung schädlicher Verbindungen.

9. Sich Zeit nehmen und das Essen genießen
Bewusstes Essen hilft, richtig zu essen. Auch das Auge isst mit. Sich beim Essen Zeit lassen. Das macht Spaß, regt an, vielseitig zuzugreifen und fördert das Sättigungsempfinden.

10. Auf das Gewicht achten und in Bewegung
Ausgewogene Ernährung, viel körperliche Bewegung und Sport (30 bis 60 Minuten pro Tag) gehören zusammen. Mit dem richtigen Körpergewicht fühlt man sich wohl und fördert die Gesundheit.
Thermik, Wirkrichtung, Verdauungskraft
Es gibt unterschiedliche Kriterien, die Wirksamkeit von Kräutern und Lebensmittel zu beurteilen. Der Einsatz der Kräuter und Zutaten basiert auf Beobachtung, was die Lebensmittel, Kräuter und Gewürze nach ihrem Verzehr im Körper bewirken. In der Medizin hat sich daraus folgendes System entwickelt: Jede Zutat oder Kraut hat eine Wirkrichtung. Außerdem gibt es noch Kräuter, die eine besondere Wirkung auf bestimmte Organe haben.

Voraussetzung für einen gesunden Stoffwechsel ist es, darauf zu achten, dass wir ausreichend Energie aus der Nahrung gewinnen und der Verdauungsprozess so wenig Energie wie möglich verbraucht. Eine bekömmliche Mahlzeit macht zufrieden und satt, verursacht keine Blähungen und keine Müdigkeit nach dem Essen. Richtiges Würzen erhöht die Bekömmlichkeit unserer Speisen. Es genügen oft schon geringe Mengen an Kräutern und Gewürzen. Sie dienen nicht dazu, uns satt zu machen, sondern helfen unseren Verdauungsorganen, die Nahrung zu verdauen.

10.2 Rezepte

Die Rezepte zeigen Ihnen welche Zutaten verwendet werden, sowie mit der Kochanleitung wie diese zubereitet werden. Bei den Zutaten wird neben den Mengenangaben auch die Wichtigkeit für die Therapie, das Wärmeverhalten sowie das Element angezeigt. Wenn dabei angezeigt wird "weniger als angegeben" versuchen Sie diese Empfehlung einzuhalten oder eine Alternative aus der Liste der "Empfohlenen Lebensmittel" zu finden. Meistens ist es nur eine leichte geschmackliche Änderung wenn Sie diese Zutat gänzlich weglassen.

Schonende Kochmethoden: Kochen, dämpfen, pochieren, dünsten
Scharfe Kochmethoden: Grillen, rösten, anbraten, räuchern
Ausgeglichene Kochmethoden: Frittieren, Römertopf

Auf das Einfrieren und erwärmen in der Mikrowelle sollte verzichtet werden (Denaturierung).

10.2.1 Rezepte nach Folge der Elemente kochen

In der TCM werden die Zutaten der Rezepte möglichst in der Reihenfolge der Elemente verwendet, welches eine erhöhte Bekömmlichkeit und energetische Qualität ergibt. Den Beginn macht die Kochmethode mit der begonnen wird. Wird in einer Pfanne oder Topf etwas erwärmt ist das Element das Feuer. Diese 5 Elemente stehen in Beziehung zueinander und haben eine natürliche Reihenfolge, die den Jahreszeiten entspricht.
Metall - Wasser - Holz - Feuer - Erde.
So stärkt das jeweilige Element das das ihm nachfolgende. Die Zutaten können dann in Gruppen der jeweiligen Elemente beigegeben werden. Es sollten nach Möglichkeit immer alle 5 Elemente in einer Speise vorhanden sein. Das Element mit dem man aufhört, ist am wirksamsten. Das bedeutet, gebe Sie am Ende noch etwas Petersilie über das Gericht, hat es den größten Einfluss auf die Leber, da sowohl Petersilie als auch die Leber zum Holzelement zählen.

Wenn Sie nach dieser Methode kochen wollen, sollten Sie bei einem TCM-Ernährungsberater oder einem TCM-Kochkurs weitere Feinheiten kennen lernen. Grundlagen sehen Sie auf:
https://de.wikipedia.org/wiki/Fünf-Elemente-Lehre

Organ	Element
Leber, Galle	Holz
Herz, Dünndarm	Feuer
Milz, Magen	Erde
Lunge, Dickdarm	Metall
Nieren, Blase	Wasser

10.3 Lebensmittel

In der Traditionell Chinesischen Medizin werden alle Lebensmittel den 5 Elementen Holz, Feuer, Erde, Metall und Wasser zugeordnet.

Lebensmittel wirken wie Heilkräuter auf Körper und Geist, nur wesentlich sanfter. Die Ernährungsberatung stützt sich hauptsächlich auf heimische Lebensmittel. Das Wissen über die Wirkungsweisen jedes einzelnen Lebensmittels und das Wissen wann welche Lebensmittel zur Anwendung kommen, entstammt der Schulmedizin. Verwende Sie möglichst Erzeugnisse aus ökologischen-biologischem Landbau.

Da wegen der besseren Verdaulichkeit grundsätzlich alles lange gekocht und kaum roh gegessen wird, ist die Verträglichkeit hervorragend.

Die Einteilung der Lebensmittel entsprechend ihrer Wirkung auf den Körper und bildet die Basis, um einen ausgewogenen und harmonischen Gesundheitszustand im Körper zu erreichen.

Grundsätzlich empfiehlt die Ernährungsberatung keine bestimmten Lebensmittel für Jedermann. Ausschlaggebend für den individuellen Speiseplan ist vor allem die persönliche Konstitution.

Kaufen Sie nur frisches und reifes Obst und Gemüse ein. Braune Stellen, welke Blätter aber auch unreifes Obst und Gemüse sollten Sie im Supermarkt zurücklassen. Greifen Sie dann zu Tiefkühlware (keine Fertiggerichte!). Tiefkühlobst und -gemüse werden kurz nach dem Ernten schockgefroren und enthalten deshalb oftmals mehr Vitamine und Mineralstoffe, als die Ware aus der Obst- und Gemüsetheke! Konserven- und Dosenware dagegen enthält wesentlich weniger Biostoffe. Zudem werden Letztere meist mit Salz, Zucker usw. angereichert. Lassen Sie die Zutaten nach dem Waschen nie im Wasser liegen, denn so gehen viele Vitalstoffe ins Wasser über! Putzen Sie Salate, Früchte und Gemüse erst unmittelbar vor Verzehr.

Beachten Sie bitte die hygienische Verarbeitung der Lebensmittel. Waschen Sie Ihre Salate, Früchte und Gemüse gründlich. Bei Gerichten mit Fleisch bereiten Sie zuerst die Zutaten vor und verarbeiten dann die Fleischprodukte. Reinigen Sie danach die Arbeitsflächen und Werkzeuge besonders gründlich. Holzunterlagen sollten regelmäßig mit leichtem Desinfektionsmittel behandelt werden um die Keimbildung einzuschränken.

Bewahren Sie Obst und Gemüse möglichst getrennt voneinander auf. Auch geerntete Früchte und Gemüse leben und strömen z.B. Ethylengas aus, das andere Sorten schneller reifen und altern lässt. Fleisch und Fisch in der verschlossenen Verpackung lassen oder in luftdichten Boxen im Kühlschrank aufbewahren.

10.4 Kräuter

Bei der Aufbewahrung und Lagerung von Heilkräutern, müssen gewisse Grundregeln beachtet werden. Grundsätzlich müssen Heilkräuter geschützt vor direkter Sonneneinstrahlung, vor Feuchtigkeit und vor heißen Temperaturen gelagert werden.

Als Gefäße für die Lagerung von Heilkräutern können Gläser, Keramik-Behälter und zur Not auch Plastik-Dosen eingesetzt werden. Plastik ist aber ein sehr unreines Material und sollte daher wirklich nur eine kurzfristige Notlösung sein. Bei Glasbehältern ist darauf zu achten, dass dunkles Glas verwendet wird.

Heilkräuter können nicht beliebig lange aufbewahrt werden. Die Haltbarkeit von Heilkräutern ist auf jeden Fall begrenzt. Durch die Haltbarkeitsdauer kann durch sachgerechte Lagerung wesentlich erhöht werden. So soll der Lagerplatz dunkel, eher kühl und absolut trocken sein. Ein Medizinschrank aus Holz, der nicht direkt bei einer Wärmequelle platziert ist wäre ideal. Um Ihre Heilkräuter nicht wegwerfen zu müssen, kaufen Sie nicht zu große Mengen an Heilpflanzen. Beschriften Sie die Behälter mit dem Namen des Heilkrauts und dem Datum der Ernte bzw. der Verarbeitung.

11 Weitere Ernährungsvorschläge

Folgende Syndrome der Diätetik, der TCM oder als Therapieergänzung bei Krebs sind verfügbar.

DIÄTETIK
1. Ernährung des Säuglings - Beikost
2. Ernährung in der Stillzeit
3. Ernährung im Alter
4. Ernährung von Kindern und Jugendlichen
5. Ernährung von Sportlern
6. Leichte Vollkost
7. Schwangerschaft
8. Vollkost

Eiweiß und Elektrolyt – Nieren
9. (Hämo-)Dialysebehandlung
10. Akutes Nierenversagen
11. Chronische Niereninsuffizienz
12. Nephrotisches Syndrom
13. Nierensteine (Nephrolithiasis)

Gastrointestinaltrakt - Bauchspeicheldrüse
14. Akute Pankreatitis (Entzündung der Bauchspeicheldrüse)
15. Chronische Pankreatitis (Entzündung der Bauchspeicheldrüse)

Gastrointestinaltrakt - Dünndarm und Dickdarm
16. Akute Obstipation (Verstopfung)
17. Chronische Obstipation (Verstopfung)
18. Colon irritabile
19. Divertikulitis
20. Erworbene Laktoseintoleranz (Laktosemalabsorption)
21. Fruktosemalabsorption
22. Glutensensitive Enteropathie (Zöliakie)
23. Kolektomie
24. Kurzdarmsyndrom

Gastrointestinaltrakt - Leber, Gallenblase, Gallenwege
25. Akute und chronische Hepatitis (Entzündung der Leber)
26. Cholelithiasis (Gallensteine)
27. Fettleber
28. Leberzirrhose

Gastrointestinaltrakt - Magen und Zwölffingerdarm
29. Akute Gastritis
30. Chronische Gastritis
31. Magenblutung
32. Ulcus ventriculi und Ulcus duodeni
33. Zustand nach Magenoperation

Gastrointestinaltrakt - Mundhöhle und Speiseröhre
34. Mundschleimhautentzündung
35. Ösophaguskarzinom (Speiseröhrenkrebs)
36. Reflüxösophagitis (Sodbrennen)

spezielle Krankheiten
37. Phenylketonurie (PKU)

38. Rheumatische Gelenkserkrankungen
Stoffwechsel
39. Adipositas (Übergewicht)
40. Diabetes mellitus
41. Essstörungen (Untergewicht)
Fettstoffwechsel
42. Hypercholesterinämie (erhöhter Cholesterinspiegel)
43. Hepatische Enzephalopathie
Herz- und Kreislauf
44. Arteriosklerose (Arterienverkalkung)
45. Herzinsuffizienz
46. Hypertonie (Bluthochdruck)
47. Hyperurikämie und Gicht
veränderter Nährstoffbedarf
48. bei Fieber
49. bei malignen Erkrankungen
50. nach Verbrennungen
51. Strahlen- und Chemotherapie

KREBS
100. Bauchspeicheldrüse
101. Blasenkrebs
102. Blutkrebs (Leukämie)
103. Brustkrebs
104. Darmkrebs
105. Magenkrebs
106. Nierenkrebs
107. Speiseröhrenkrebs

TCM
200. Blase - Feuchte Hitze in der Blase
201. Blase - Feuchtigkeit und Kälte in der Blase
202. Blase - Leere und Kälte in der Blase
203. Dickdarm - äussere Kälte befällt den Dickdarm
204. Dickdarm - Feuchte Hitze im Dickdarm
205. Dickdarm - Hitze blockiert den Dickdarm II akut
206. Dickdarm - Trockenheit des Dickdarms
207. Dickdarm - Yang Mangel (Kälte)
208. Herz - Blut Mangel
209. Herz - Blut Stagnation
210. Herz - Feuer
211. Herz - Heisser Schleim verstopft die Herzporen
212. Herz - Kalter Schleim verstopft die Herzporen
213. Herz - Qi Mangel
214. Herz - Yang Mangel
215. Herz - Yin Mangel
216. Leber - aufsteigender Leber-Yang
217. Leber - Blut-Mangel
218. Leber - Blut-Stagnation
219. Leber - feuchte Hitze in Leber und Gallenblase
220. Leber - Feuer
221. Leber - Gallenblase Qi-Leere
222. Leber - Kälte im Lebermeridian

223. Leber - Qi-Stagnation
224. Leber - Wind
225. Leber - Wind mit aufsteigendem Leber Yang
226. Leber - Wind mit Blutleere
227. Leber - Wind mit extremer Hitze
228. Lunge - Qi Mangel
229. Lunge - Schleim-Feuchtigkeit in der Lunge
230. Lunge - Schleim-Hitze in der Lunge
231. Lunge - Schleim-Kälte in der Lunge
232. Lunge - Trockenheit der Lunge
233. Lunge - Wind-Hitze befällt die Lunge
234. Lunge - Wind-Kälte befällt die Lunge
235. Lunge - Yin Mangel
236. Magen - Blutstagnation
237. Magen - Feuer
238. Magen - Magenkälte mit Flüssigkeit
239. Magen - Nahrungsstagnation
240. Magen - Qi Mangel
241. Magen - rebellierendes Magen Qi
242. Magen - Yin Leere
243. Milz - Hitze und Feuchtigkeit befällt die Milz
244. Milz - Kälte und Feuchtigkeit befällt die Milz
245. Milz - Qi Mangel
246. Milz - Qi Mangel + Absinkendes MilzQi
247. Milz - Qi Mangel + Milz kontrolliert das Blut nicht
248. Milz - Yang Mangel
249. Niere - Herz und Niere kommunizieren nicht mehr
250. Niere - Jing Mangel
251. Niere - Nieren können das Qi nicht empfangen
252. Niere - Qi ist nicht fest
253. Niere - Yang Mangel
254. Niere - Yin Mangel

12 EBNS - Software für die Ernährungsberatung

Die Hauptaufgabe der Datenbank ist eine „**personalisierte Ernährungsberatung**" für jeden Patienten individuell. Die Datenbank wurde für die Diätetik und Traditionellen Chinesischen Medizin entwickelt. Sie Unterstützt bei der Ausbildung und Beratung im Arbeitsalltag.

Das Computerprogramm liefert Listen von Rezepten, Zutaten und Kräuter, welche dem Klienten mitgegeben werden. Individuell nach Patienten-Wunsch von Vollkost bis Vegetarier (Lacto-, Ovo-, ...) einstellbar. Zu jedem Register gibt es ein INFOBLATT welches einmal dem Klienten mitgegeben werden kann.

Die Syndrome sind kombinierbar und ergeben eine Schnittmenge der empfehlenswerten Rezepte und Zutaten. Die automatisierte Diagnose für die TCM ermöglicht Ihnen während der Ausbildung Ihre Erfahrungen zu überprüfen sowie im Arbeitsalltag ihre Diagnose zu bestätigen. Sie wählen mehrere vordefinierte Symptome und lassen sich vom Programm die relevanten Syndrome automatisch anzeigen.

Wie Sie mit der Datenbank arbeiten können:
Sie können alle Werte verändern, neue Symptome oder Syndrome anlegen, Rezepte entwickeln, verändern oder Zutaten und Kräuter an Ihre Erkenntnisse anpassen. In der einfachen Klientenverwaltung werden alle relevanten Daten zu der Person gespeichert. Sie bekommen einen Überblick über die zurückliegenden Diagnosen und die Entwicklung des Krankheitsverlaufes.

Als Berater sparen Sie viel Zeit, wenn Sie für die erkannten Syndrome die Rezept-, Lebensmittel- und Kräuterlisten ausdrucken und den Klienten mitgeben. Diese Zeit können Sie für das persönliche Gespräch nutzen.

Alle Rezept- und Lebensmittellisten können Sie auch als Kombination mehrerer Erkrankungen bestellen. Mit der Datenbank können Sie außerdem für jedes Rezept die Nährstoffe und Spurenelemente angezeigt bekommen und Rezepte für Syndrome selbst mit vorgeschlagenen Zutaten entwickeln.

Weitere Informationen finden Sie auf http://www.ebns.at.
Josef Miligui, Tel.: +43 660 121 05 00